毋通袂記

1947 島國的傷痕

2014 二二八共生音樂節活動手冊

2014 二二八共生音樂節工作小組／編

共生音樂節

2014 二二八共生音樂節　活動內容
2014 年 2 月 28 日於自由廣場

14:00 - 18:00
各式動態、靜態展覽

- 二二八靜態展：回顧二二八受難者陳澄波生平與藝術創作，具體呈現活動手冊內容，並且加入圖表呈現二二八歷史以及記錄一整年社會運動圖像的「2013 鬼島事件簿」。
- 真人圖書館：邀請二二八受難者家屬、各界學者、活動手冊撰稿者等，分享對於二二八事件的親身經歷以及研究經驗。
- NGO ／異議性學生社團聯展、學生樂團表演。

18:00 - 19:00
張睿銓《囝仔》MV 首映會

14:00 - 18:00
共生音樂節晚會

- 舞蹈、戲劇等藝術創作紀念二二八事件，敘述受難者潘木枝醫師生平故事的劇作《多桑的百合花》全台首演。
- 短講：邀請知名學者、社會議題參與者，以及活動手冊撰稿者進行短講。
- 音樂表演：邀請阿努、火燒島、滅火器、林生祥等關注台灣社會議題的母語創作歌手進行演出。

主辦單位
台灣國家聯盟、台灣二二八關懷總會、台灣北社、台灣教授協會、二二八共生音樂節工作小組

協辦單位
台北市小英之友會

特別感謝
激進陣線、後門咖啡、前衛出版社、默契咖啡、小小書房

推薦序：二二八對台灣青年的召喚

陳儀深

一九七一年三月一日，美國加州大學柏克萊分校一位剛入學就讀研究所的台灣青年，發現校園內的報紙 Daily Californian，幾乎在該出現的地點通通不見了，因為它刊登了台灣二二八事件的廣告、提到蔣介石在一九四七年屠殺了多少台灣人，呼籲美國人注意蔣政權的暴虐等，所以很可能是國民黨方面的人把它們拿走、丟掉；四年後這位青年與當地的台灣同鄉熟稔了，就親自糾合同鄉在舊金山灣區兩大報刊登廣告，說明二二八事件並訴求台灣人自決，隨後他們幾位還一起以真姓名寫公開信給《舊金山紀事報》的總編且獲刊登，告訴他們台灣人對台灣前途的看法。

這位台灣青年在一九七六年加入美國台獨聯盟，成了黑名單，一九七九年二月他的父親去世時無法回台奔喪。

現在，這位台灣「青年」已經七十四歲，早已在美國事業有成、近年回台在南港設立的公司相當賺錢。我們二二八懷總會在半年前得到他的捐助，才有餘力讓一群在學青年開始籌畫台灣校園的認識二二八活動，以及二〇一四年的共生音樂節。

回到一九四七年的場景，代表談判交涉路線的處理委員會，大多是士紳和公職，代表武裝抗爭路線的自衛隊或民主聯軍成員，大多是青年學生和南洋歸來的台籍退伍兵，表面上可以互為後盾但事實上常無交集，例如嘉義市的潘木枝醫師曾以家長會長的身分去勸阻「竹篙湊菜刀」的高中生去水上機場，卻被青年們圍著質問「你是不是台灣人？」台南縣的吳新榮醫師也一度被武裝青年挾持欲去開啟槍械庫的門鎖，但事後他並沒有抱怨反而稱讚這些青年做事有節有度。無奈，當時美國政府採取開羅會議公報的立場，對這一場全島性的民變袖手旁觀，台灣社會則才剛從祖國夢中驚醒而欠缺準備，一旦軍隊登陸就大勢已去。

不論廖文毅那一代，或是黃昭堂、蔡同榮等第二代的海外台獨運動者，都是選擇二二八作為成立組織的時點，或是既有組織每年必須隆重紀念的日子，可以說都受到二二八事件的召喚。我在去年擔任二二八關懷總會理事長以後，就一直想要改變或充實近十幾年來台派紀念二二八的方式，於是透過台教會的平台找到一群「獨立青年」彼此一拍即合，二〇一三年的共生音樂節初試啼聲就受到很多肯定，今年「共生」已經是第二屆了，從青年學生自己討論、邀請、編纂的這本手冊，作者包括當前新銳的社會學、政治學、歷史學的young scharlors，內容涵蓋了回顧與前瞻，顯然比去年的手冊成熟多了。

我在《被出賣的台灣》重譯校註的序文中，自稱是創立台教會的六十歲左右的一代，面對彭明敏、黃昭堂、史明、蔡同榮他們八九十歲那一代人做出的成績，固然常感慚愧不如，但是我們一方面還有力氣工作，一方面有較多的機會培養年輕人，希望能多多發揮連結的、團隊的作用，讓台灣社會有更多「有智慧的熱情」。

（本文作者係台灣二二八關懷總會理事長）

編者序：重生於血淚，共生於島嶼

二〇一四　二二八共生音樂節工作小組

二二八事件距今已經六十七年了。在這六十七年裡，台灣從白色恐怖的年代，歷經前仆後繼的民主運動，終於走向解嚴，乃至於兩度政黨輪替。討論國家暴力的歷史，已經不再是禁忌。國家元首年年出來道歉，二二八也變成國定假日，年復一年的紀念活動成為固定的儀式。但在這段歷史好不容易得到重視之時，有一種疑惑卻也在不少台灣人心中萌起，那便是：事情都過這麼久了，我們為什麼還要再談它？難道不能遺忘過去的傷痛與悲情，走向更好的未來嗎？

這個疑問乍看之下有點道理。反正獨裁者已經遠逝，過去國民黨那種毫不掩飾的國家暴力也已不復存。那麼遙遠的悲哀，每年都要複述一次，聽起來似乎臺灣人不夠寬容，甚至有人會說，這是被某些政黨與政客操作、利用了情緒。

但如果我們仔細地檢視這種論調，便會發現其中漏洞百出。一個不公不義事件到底要經過多少時間才算太久了、不需要重提了呢？事實上沒有人能定出一個具體的時間標準。「久」是一個過度主觀又模糊不清的時間量尺，它的詮釋權往往掌握在當權者的手裡。當政府希望我們忘記某些事情，就算只經過三天，它們都可以透過媒體，將它操作成恍若很久以前的事；但如果政府希望我們記住某些事，即使是已經過了一百多年的辛亥革命，它們也會願意花兩億來演音樂劇，製造民眾的記憶。六十七年到底算不算久？這我們無從定論，但可以肯定是，當我們用事件距今太久作為遺忘歷史的理由時，等於是在為加害者尋找不必負責的藉口。

更何況二二八事件中的國家暴力，拖那麼多年才開始處理，並非出於受害者與台灣人民的意願。若不是因為國民黨長時間地戒嚴，造成臺灣人對二二八噤聲了將近四十年，我們不需要到三十年前才想起要紀念、到今天還要處理未竟的轉型正義。國民黨一面拖延解決問題的時程，卻又一面宣稱太過久遠的仇恨應當放下、要放眼未來云云。如果這不是躲避責任，那什麼才是躲避責任？如果臺灣人民輕易地接受了這種論調，那麼未來的政府也將可以如法炮製，搪塞所有不義的作為。反正只要讓它變成夠久以前的事情，臺灣人就不在乎責任的歸屬了——這恐怕不是我們期望看到的未來吧？

因此，我們不僅不能因為時間的流逝，而遺忘傷痛與悲情；我們反而應該大聲地質問：為什麼隨著時間的流逝，有些人的傷痛與悲情還是無法消解？是不是還有什麼步驟忽略了，導致加害者與受害者間找不到和解共生的平台？如果順著這個角度向下追問，我們將會發現許多值得思辨的議題，至今尚未討論充分。國家體制的言論警戒線看似已經解除，我們的言論內容卻從未真正跨進歷史的禁區。

今年，為了籌備二二八共生音樂節，我們試著顛覆社會上的主流論調，提出五項我們認為至今仍必須談論二二八的理由：

①二二八是一個還在建構中的歷史事件，我們需不斷更新腦中的知識。隨著新的史料日漸出土，二二八的原貌變得越形複雜，難以說清。然而，拼湊歷史圖像的過程，枯燥而繁瑣，一般人也難有機會接觸到最新的論述。因此我們常在對歷史一無所知的情況下，自以為了解一切，甚至於侈談遺忘。

②社會對於二二八事件的討論，已經形成了某種既定的觀點。這種固定的觀點並不一定錯誤，卻使我們經常看不見歷史的某些角落。例如過度重視男性菁英死難者的討論，就可能使我們忽視了女性、大眾、家屬的苦難經驗。把視

角轉移到他們身上，將會對於二二八有不同以往的認識。

③我們對於國家的態度，尚未徹底釐清。在表面上，國家元首出面道歉了，但這能證明政府已經願意誠實面對二二八了嗎？在國家與國民黨能夠控制的歷史論述場域裡，像是博物館、紀念碑，或者是國民黨官方言論等等，究竟如何呈現二二八？符合我們的期待嗎？如今似乎有重新審視的必要。尤其近來國民黨政府對於教育部門的史觀問題，干涉程度相當嚴重，我們更有必要對於他們再現歷史的方式嚴格把關。

④我們需要跨國的視野作為參照，思考臺灣面對歷史的方式。在這個世界上，曾經發生過血腥的國家暴力事件的地方其實不少，但我們對於他們所發生的歷史，理解程度卻相當有限。就臺灣論臺灣固然不是不行，但觀察其他國家的歷史經驗與解決方法，實是一種集思廣益的作為，對於一個民主化還不到三十年的國家而言，是相當必要的步驟。

⑤我們缺乏一套具體可行的訴求。到底我們希望臺灣的政府與人民做到什麼？到底該如何真正化解傷痛與悲情，走向共生？在認同分歧的臺灣社會裡，我們也許還不能找到一套定於一尊的說法。但我們始終相信，試著提出解決方

案，讓事件得到更充分的討論，是凝聚島國共識的第一步，絕對好過以避談來忽視問題。

針對這五項理由，共生音樂節工作小組邀請了十多位作者，分別為這些命題發表自己的看法。他們的年齡、身份各異，學思背景也不盡相同，但在各顯神通之時，卻又透露出頗為近似的思想情懷。由於我們始終相信二二八是屬於全民的歷史記憶，思辨的進行不該侷限於學院之中，而應還諸大眾。所以在文字表現上，這些作者們並沒有使用太多艱澀難懂的學術用語，而是力求平淺，讓一般人都能夠輕易進入二二八的回顧與思索當中。

正義是沒有保存期限的。對於歷史正義的追求，隨時可以進行，也會在不同的時代裡發生新鮮的意義。在今年的二二八編輯這本小書，是想告訴臺灣人：關於二二八的討論還沒成為過去，或者可以說，屬於這個時代的二二八論述，現在才要開始。我們聽膩了那些要我們以冷漠換取和諧的反動修辭。我們相信未來的臺灣人，應當能勇敢而積極地面對歷史，然後重生於血淚，共生於島嶼。

1

第一節

天漸漸光

回眸二二八

「1947 年 2 月 28 日」，被標記為臺灣歷史上重要的一個時間點，然而這一天只是過去長久所蓄積的燃料，在這個時間點上被引爆，而引爆後的餘波仍繼續在當下與往後的每一代臺灣人民心中，留下餘悸猶存的記憶，也許我們能把對過去的記憶蓋上蓋子，當作看不見、想不起，但歷史卻無法抹滅，也不能改變，二二八看似只是一個單純的歷史事件，然而它卻承載了國民政府初期，逐漸累積升高的民怨，並將其載送到 50 年代、60 年代、70 年代……一直到現在，並且到未來，由歷史回顧年表中可以發現，二二八事件不只是一件歷史，更是一段持續不斷的演進。其實二二八仍然還沒結束，它透過各種方式再現於我們現在所身處的環境中，而且隨著新史料的出土，加上新興歷史觀點的詮釋，二二八將被我們越談越多、越談越新。

二二八事件過後，激起各地民眾的抗爭行動，國民政府為平定這些抗爭，開始在全臺進行武力鎮壓，晚近的研究顯示，高雄一中（今高雄中學，係 1947 年 6 月與二中合併後改制）在鎮壓期間為南部反抗軍警群眾的聚集地，因此也使高雄一中成為政府軍隊砲轟的唯一校園。林秀玲老師發現，高雄一中因地處於火車站旁，出入分子複雜，因此常成為抗爭人士的號召場所，以及外省人避難之所，而學校部分高中部學生自願留校，以保護校園與一些避難至學校的外省人安全，實際從未有攻擊與反抗意圖。在政府鎮壓過程中，許多被視為「暴徒」的人們，可能只是被誇大的群眾力量，由於政府不願錯放任何團體勢力，而讓單純想保護身邊人的臺灣人民，無辜地被羅織罪名，也使官民之間的誤解更為加深。

而這些抗爭行動，面燃生認為，主要可以分為兩條路線，第一，如高雄一中的年輕學生等「非政治精英」，第二，事件後成立的處理委員會中的政治精英，兩路線的群體都懷有「自治」想像，前者是對國家與政府激進的反抗與否定，而後者則在政治場域內追求對體制內的改革。但面燃生發現，反而處理委員會才是官方鎮壓重點，非政治精英從事的抗爭，雖然政府較難以掌握鎮壓因而得以越發擴散，然而這樣小規模且地方性的反抗、抗爭能否對統治力量產生影響，至今仍值得我們省思。

二二八不只是歷史上一頁記載，而是現在還能繼續挖掘、持續思考的寶貴資產。

（2014 二二八共生音樂節工作小組　朱韻珊）

二二八歷史回顧

1946.4
布袋事件

1946 中元節
新營事件

1946.11.11
員林事件

1946.12.7
基隆緝菸
槍傷兒童

1947.2.27
太平町天馬茶房前「緝菸血案」，菸販林江邁重傷；
路人陳文溪中槍死亡。

1947.2.28
台北市民眾為緝菸血案請願，長官公署槍擊民眾。下午 3 點起台北市戒嚴，武裝軍警巡邏市區又再度開槍掃射，經由廣播放送全台，為之震驚。

1947.3.1 軍警憲兵持續在台北市街頭巡邏，到處響起疏密槍聲， 但依然無法維持秩序。台北市參議會在中山堂開緊急會議，邀請國民參政員、國大代表、省參議員參加，決議成立「緝煙血案調查委員會」。

1947.3.2
「緝煙血案調查委員會」改組為「二二八事件處理委員會」，並決議擴大組織，包括參議員、國大代表及商會、工會、學生、民眾、政治建設協會等之代表。並且陳儀已電請蔣介石要求平亂。

1947.3.3 處委會派代表到公署，要求撤退市上巡邏車隊及哨兵。警備總部秘密部署兵力，劃定台北、基隆為戒嚴區，新竹、台中為防衛區。

1947.3.4 處委會提出八項決議，如通知 17 縣市組織處理委員會，處理各地所發生之事件，並推派代表參加本會、與柯遠芬交涉讓所有軍隊回歸兵營等。

1947.3.5 台灣省政治建設協會託美國駐台灣總領事代轉電文致國府「萬勿派兵來台」；然蔣介石調派整編二十一師一團、憲兵一營開赴基隆。

1947.3.6
處委會發表「告全國同胞書」
彭孟緝下令高雄要塞軍隊分三路向市區進擊，採無差別大掃射，造成民眾重大傷亡。

1947.3.7 彭孟緝發兵攻擊第一中學；槍殺三名請願代表。處委會代表向陳儀提出四十二條處理大綱，遭嚴拒絕。陳儀電中國：「除派二十一師全部開來外，再加開一師，至少一旅」。

1947.3.8
閩台監察使楊亮功及憲兵第四團兩營兵力抵基隆港，基隆要塞軍隊肅清街頭、密集射擊。

1947.3.9
國民政府調派軍隊第二十一師抵基隆。
旅中國台民楊肇嘉等人赴南京請願。

1947.3.10
陳儀下令解散「二二八處委會」及一切「非法團體」。
旅中國台民在南京召開「二二八慘案報告會」。

1947.3.11
頒佈綏靖計劃，全面管制交通、電訊。

1947.3.13
查封報社，查扣焚燬書刊。

1947.3.14
警備總部下令解散「台灣省政治建設協會」
台北、基隆白晝解嚴。

1947.3.17
國防部長白崇禧、蔣經國來台宣慰、善後。
白崇禧密電蔣介石：「台灣兵力「已足用，二〇五師可免調」；陳儀電蔣介石，「對此次事變決意引咎辭職」事變決意引咎辭職」。

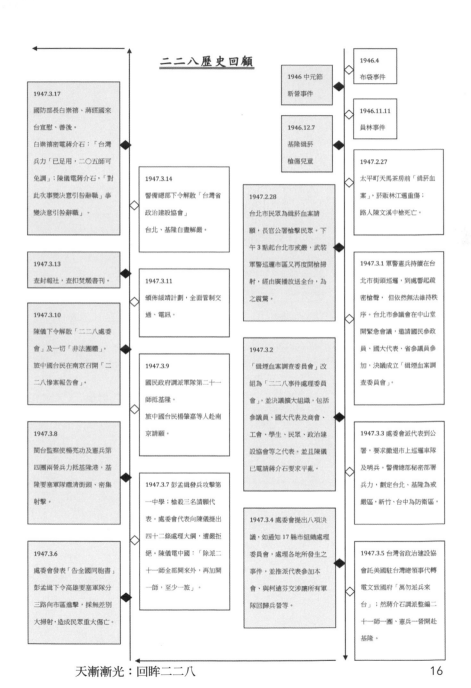

1947.3.18
國府軍隊分路掃蕩後，於台東會師，掌控全台。

1947.3.19
蔣經國返回南京。

1947.3.20
劃分全台為七個綏靖區：台北、基隆、新竹、中部、南部、東部、馬公。
警備總司令部封閉私立延平學院。

1947.3.21
配合綏靖計劃，實施清鄉。
公佈「公教人員因二二八事件損失撫恤救濟辦法」，輕傷五千元、重傷五萬元、死亡二十萬元。

1947.3.24
實施聯保聯坐（警總公報 144 號）。

1947.3.25
公佈「奸偽徹底肅清辦法」。

1947.3.26
行政長官公署成立「台灣省二二八事變臨時救恤委員會」。

1947.3.27
陳儀以張慕陶鎮壓二二八事件有功，記大功二次。

1947.3.29
警總公佈「盲從附和或被迫參加暴動份子自新辦法」。

1947.4.17
實施戶口清查。
白崇禧簽呈懲戒柯遠芬，獎勵彭孟緝、史宏熹、史文桂……等。

1947.4.18
警總發佈「二二八事變首謀叛亂在逃主犯名冊」，呈報國防部並下令憲兵第四團加緊通緝歸案。

1947.4.22
行政院會議決定撤銷台灣省行政長官公署，改組為省政府，魏道明為省政府主席。

1947.5.10
警備總司令部改為警備司令部，彭孟緝任警備司令。
柯遠芬開始在台灣新生報發表<事變十日記>。

1947.5.11
陳儀離台（改任國民政府顧問，翌年 6 月擔任浙江省主席，1950 年以「通匪」罪名槍決。）

1947.5.15
新任省主席魏道明抵台，撤廢行政長官公署。

1947.5.16
台灣省政府成立，發表重要措施：
1.解除戒嚴令，
2.完成清鄉工作，
3.停止新聞、圖書、郵政檢查 ，
4.各項交通管制一律廢除。

1948

1986

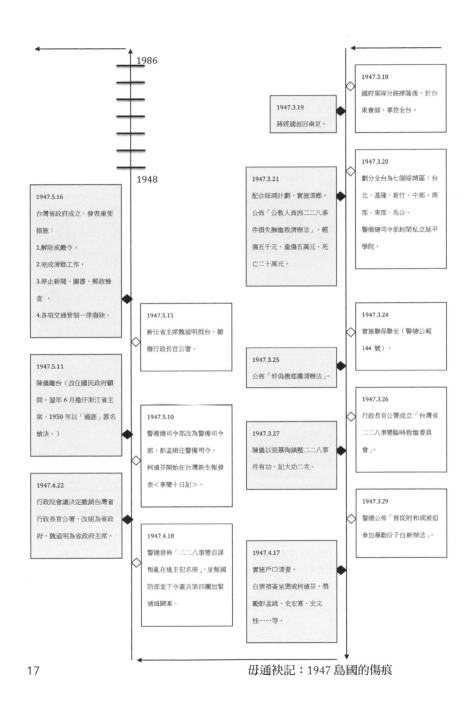

1987.2.13
「二二八和平促進會」成立，呼籲公佈真相、平反冤屈，展開二二八平反運動。

1988.3.9
官方首次正式公佈楊亮功在 1947 年的二二八調查報告。

1988.8.19
全台首座 228 紀念碑落成於嘉義市彌陀路。

1988.12.31
時任行政院長俞國華發言失當：當年滿州人關殺了很多漢人，滿州皇帝也未向漢人道歉。

1989.1 月
二二八和平日促進會、台灣人權促進會和長老教會等團體，共同發起「二二八公義和平運動」。

1991.1.5
民間二二八研究小組成立。

1991.1.17
行政院成立二二八事件研究小組。

1991.8.3
二二八關懷聯合會成立，為第一個受難者家屬的組織。提出「公開真相、道歉賠償、設紀念館、設二二八和平日為國定紀念日，設二二八基金會為教育等用途，以免使歷史重演」等五項訴求。

1991.12 月
民間二二八研究小組舉行「二二八學術研討會」，是國內首次二二八研討會。

1992.2.22 行政院公佈「二二八事件研究報告」。

1995.2.28
台北二二八紀念碑落成，時任總統李登輝向受難家屬公開道歉。

1995.4.7
立法院公佈「二二八事件處理補償條例」。

1995.6.18
台灣二二八受難家屬聯誼總會成立。

1995.12 月
行政院成立「財團法人 228 事件紀念基金會」。

1996.2.28
台北新公園改為二二八和平公園。

1997.2.27
內政部修訂《紀念日及節日實施辦法》，規定 228 為「和平紀念日」，是為國定假日。

2006.12.8
規定每年和平紀念日當天，全國各級政府機關（構）、學校、民間機構、團體都要降半旗。

2007.3.21
將「二二八事件補償條例」改為「二二八事件處理及賠償條例」。

2011.2 月
二二八紀念館更新常設展覽，將「元兇蔣介石」美化為「寬大處理、秩序恢復」的人，引發學者及家屬不滿、抗議聲浪。

（To be continued.......）

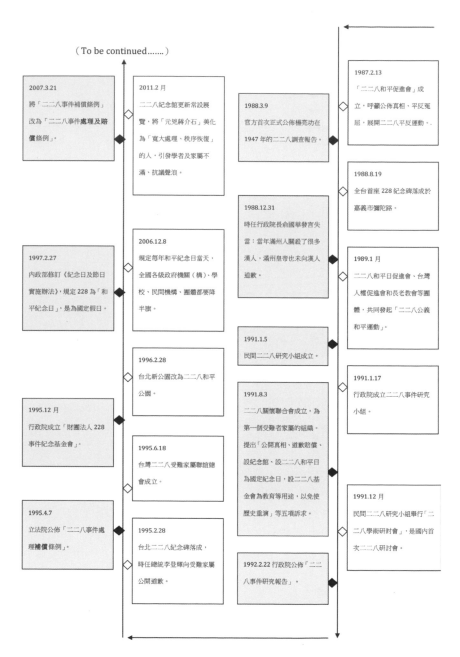

「二二八事件」之「高雄中學學生軍」史料的新發現

林秀玲

「二二八事件」是臺灣民眾不滿國民政府在二戰結束後以行政長官公署統治臺灣，因行政、經濟上諸多措施的不當，而引發要求政治改革的抗爭。此一事件在中央派兵軍事鎮壓後落幕。一九五〇年代隨著兩岸對峙，國民政府戒嚴，「二二八事件」塵封於經歷過此一事件的臺灣人，不曾被公開。一九八七年解嚴，言論自由逐漸開放，因「二二八事件」的受難者或其家屬要求政府公布事件真相及給予平反的聲浪越來越大，此一事件才開始受到學界及政府的重視，不僅一九九〇年十一月行政院成立研究「二二八事件」的專案小組，學界亦在政府檔案逐步的公開前後進行研究討論。但截至一九九〇年代末期，與「二二八事件」有關之研究對象，多著重於各地之「二二八事件處理委員會」成員及在「二二八事件」中受難者，透過政府檔案及個人訪談的資料，試圖重建「二二八事件」的輪廓。對於其他社會階層的參與研究甚少。

筆者於一九九八年就讀於師大歷史研究所期間，正逢有關「二二八事件」

的政府檔案資料逐步公開之際，與該事件相關人士之口述歷史亦大多數完成，由於筆者為高雄人，除了注意到高雄地區是「二二八事件」中政府最早鎮壓地區的特殊性外，對於「二二八事件」中，要塞司令部鎮壓的目標之一為高雄一中更感到疑惑。參考相關研究，學者解讀因高雄一中在事件期間為南部反抗軍警群眾的聚集地，該校學生亦與其他幾所學校組織學生聯盟，而警備總司令部保存的「二二八事件」檔案中亦有一份在高雄一中搜得之「臺灣革命軍高雄支隊（學生軍）組織表」，因此，高雄一中在「二二八事件」中成為政府軍隊砲轟的唯一校園。但高雄一中在二戰後的學風如何轉變，為何該校園會成為反抗行政長官公署人士聚集的大本營之一？該校學生是否真的與其他學校組織學生聯盟參與此一事件？是否真有學生軍的存在？在軍隊砲轟校園過程中該校師生如何應對？事件結束後，教育當局如何處置學生？由於當時針對青年學生參與「二二八事件」的研究甚少，以上幾個議題便成為論文的探討核心議題。

由於過去學界研究多引自官方保留之檔案，但官方檔案僅見「臺灣革命軍高雄支隊（學生軍）組織表」，未有相關人士之逮捕紀錄或事後教育當局之特殊處置措施，因此筆者對學生軍的說法抱持存疑的態度。在高雄中學❶校方的

❶「二二八事件」發生後，高雄一中於原址與二中合併，1947 年 9 月改制為高雄中學。

❷ 林秀玲，2003 年 8 月 13 日，訪李榮河、陳仁悲、林芳仁、龔顯耀、李俊雄，於高雄中學。
❸ 李榮河，高雄一中的臺籍學生，經歷戰後學制由日制轉換為中國學制的過程，1947 年二月時就讀二年級，在一中的學生團體中具有一定的影響力。
❹ 許雪姬、方惠芳訪問，吳美惠等紀錄，《高雄二二八相關人物訪問紀錄》，臺北：中央研究院近代史研究所，1995 年 2 月出版，下冊，頁 39。
❺ 林秀玲，2003 年 8 月 13 日，訪李榮河、陳仁悲、林芳仁、龔顯耀、李俊雄，於高雄中學。

協助下，取得二戰結束後改制為高雄一中的學生名單，並訪談當時就讀於一中的一年級校友江淑勛、林有義（當時校長林景元之子）、何聰明等人❷，得知「二二八事件」發生後，初中部學生並未到校，高中部一年級到校者亦甚少，但高中部二年級學生李榮河、陳仁悲、林芳仁、龔顯耀等人則有留校的印象，因此經由高雄中學校友會的聯繫，訪談當時曾留校經歷此一事件之李榮河、陳仁悲、林芳仁、龔顯耀等人，經由他們的回憶，再對照已有之研究論點，重新拼湊當時高雄一中學生因應「二二八事件」的過程。

「二二八事件」發生後，高雄地區情勢日趨混亂，由於高雄一中位於火車站旁的地緣關係，校園的出入份子亦相當複雜，有海南島回來的軍伕及保送當巡查的青年，好似以一中作為號召場所，但多為烏合之眾。❸其中，有一支隊伍由涂光明領導，但涂光明也只是想藉助學生名義增加一己之影響力。❹當時市區常有本省人毆打外省人的事件發生，高雄一中也成為外省人避難之所。因應「二二八事件」的發生及對校園的衝擊，高雄一中的大多數學生也於三月四日集合於講堂商討對策，當時學生自治會會長方振淵建議由初一開始，大家列隊遊行示威，但李榮河❺考量光復以後至臺國軍表現毫無軍紀可言，請初中部學生全部回家，高中部學生採自願式的留校維護校園安全，而他則在留校學生的推舉下擔任隊長，陳仁悲擔任副隊長，以自衛隊的形式安排學生看守校門，盡量防止校外人士進入校園。由於陳仁悲為通車生，熟識部分屏東、鳳山地區的高雄商業學校（今雄商）、高雄工業學校（今雄工）學生，他們在得知一中的情形後，也到一中參與維護校園安全的工作，形成三月四日以後，以高雄一中為大本營的學生團體。校長林景元針對「二二八事件」中校園成為社會人士聚集抗議的場所，及高中部學生執意留校保護校園安全的舉動頗感無奈，僅能約束留校學生勿參與校外人士的行動，盡量維護校園及任教於一中的外省籍教師安全。

三月五日因高雄火車站被憲兵占領，對外交通中斷，憲兵在車站二樓裝設機關槍，禁止民眾接近。當時高雄一中的學生自衛隊決定組一隊伍將憲兵驅離，他們以陳仁悲擔任隊長，隊伍約有十幾人，兵分三路，陳仁悲手拿日本刀，其他人拿學長蘇金生提供之三八步槍、或學校倉庫留下之日治時期練習用槍隻（多數無法使用）接近火車站。憲兵發現以陳仁悲為主的先鋒部隊後，以機關槍掃射，結果自衛隊的成員顏再策遭子彈擊中，且憲兵火力強大，最後經高雄一中家長會會長陳啟清出面與憲兵隊隊長協調，軍隊才停止射擊，自衛隊亦撤退回高雄一中。

在進行〈高雄中學與「二二八事件」〉的資料蒐集過程中，能親自訪談當時留校經歷此一事件之李榮河、陳仁悲、林芳仁、龔顯耀幾位先生是令人振奮的，他們澄清了部分有關高雄一中在「二二八事件」中的論述，首先由於李榮河、陳仁悲為學生自衛隊負責人，他們非常明確的表示組織自衛隊目的在於保護校園及一些避難至學校的外省人安全，即便他們對政府的施政不滿，但此一隊伍並非與政府抗爭。其次，當時在一中的學生是自發性的，雖然李榮河是隊長，但自衛隊工作為輪流巡守校園，維護秩序，並未參與校外人士的集會討論。進攻火車站的隊伍目的在於想恢復火車站的對外交通，讓鳳山、屏東地區的學生可以回家，所持的武器也非常簡陋，不具殺傷力。最後再次與所有受訪者確認是否見過或組織警備總司令部聲稱在高雄一中搜得之「臺灣革命軍高雄支隊（學生軍）組織表」，在場所有受訪者均肯定的表示完全沒見過，當時的自衛隊分工亦未如此縝密。

高雄一中在「二二八事件」中，因為群眾的聚集成為唯一遭受軍隊攻擊的校園。根據高雄要塞司令彭孟緝的回憶，攻擊高雄一中的理由是三月四日以後，一中聚集的群眾及學生少數擁有武器，儼然是一「暴徒」集中的大本營，對照上述受訪者的口述資料，推測彭孟緝在全臺局勢緊張的氣氛下，由於其身負維護高雄港治安的的責任，因而採取寧可誇大群眾力量，也不願錯估任何團體勢力的心態，進而決定提前於三月六日採取軍事鎮壓的行動，以防高雄地區局勢繼續惡化。但軍隊在驅離火車站及一中的群眾過程中，以強大火力攻擊手無寸鐵的平民，並用迫擊砲砲轟一中校園，在驅散群眾後，更逐戶搜索火車站附近的民宅，造成許多無辜民眾的傷亡及財產的損失，國軍的暴行毫無法紀、草菅人命，令經歷此一事件的人民感到痛心疾首。

「二二八事件」發生至今，所有研究論點均已證明是當時行政長官公署統治失當所致，政府的處置過當造成臺灣人民生命及財產的損失無法明確統計，對於人民心理上的傷害更無法彌補，歷史雖無法全面還原，但只要人們持續的關心，學界不斷的研究，有關「二二八事件」的史料將可以獲得重視，保留下來，亦可以讓臺灣人民了解「二二八事件」在臺灣歷史上的重要性，及民主發展過程中的價值。

作者簡介

林秀玲，二〇〇三年畢業於國立臺灣師範大學歷史學研究所，目前為臺北市立中崙高中歷史教師。本篇文章的內容整理自碩士論文研究成果，作者就讀研究所期間，有幸接受臺灣史專家吳文星教授的指導，完成此一論文。之後亦曾參與「二二八基金會」之訪談受難者工作，整理受訪者之口述記錄。目前學界已能認同當年的高雄一中並無學生軍之組織，學生團體為自衛隊的性質，其目的為保護校園安全及秩序，非對抗政府的武裝性團體。

「二二八」事件：起因、事序、與抗爭路線

面燃生

一九四七年的「二二八」事件，可說是戰後第一波民間自發的抗爭行動。本文的目的，則是針對事件中的抗爭軌跡，進行精要的介紹。

事件的開端，從遠因說，導火於一九四五年國民黨來台接收後的政策失當。政治面上，戰前嚴苛但相對法制化的官僚體系消失了，取而代之，則是官員素質不佳、以公謀私、效率低落的尋租型國家。經濟面上，由戰前「統制經濟」轉型到「市場經濟」的過程並不順利，造成物資短缺、通貨膨脹、貧富差距加大等現象。市場與國家面的變化，深刻影響了台灣民間的社會秩序。因此，原本對「唐山」來的「祖國」懷著高度期待，亦深受前朝官民經驗影響的台灣島民，開始對戰後的變化累積了巨大怨氣。

一九四七年二月二十七日，台北市大稻埕天馬茶房間，爆發公賣局緝私專員粗暴對待私煙販婦林江邁的糾紛，引發群情激憤。過程中，躲避民眾追捕究責的專員傅學通又開槍誤殺了民眾陳文溪，又進一步擴大市民的怨氣。此後，

民眾組成陳情隊伍，陸續向各機關陳情請願，要求公道處置。此時，民眾對於政府的怨氣雖然逼近爆發邊緣，卻仍維持著對國家「最低程度的信任」，希望藉由公部門的處置，來化解這樁不幸的事件。但自二月二十七日午後開始，陳情民眾前往了永樂町派出所、警察總局、憲兵第四團、專賣局等處，要求交出兇手與公道處置未果後，最後民眾轉往台灣島內最高的行政機構——位於中山路口的台灣行政長官公署前進。但在抵達大門前，長官公署的衛兵便開槍示威，造成兩人身亡、數人受傷，民眾一時四散。此時，台北市民連「最低程度的信任」都完全破產。衝突進一步擴大，且訴求與攻擊的對象，開始從原本集中針對的「公部門」，進一步擴大與戰後國家不能等同視之、卻又存在著緊密關係的「外省人」身上。公部門的財務與檔案被搬出燒燬，而本省民眾也出現毆打外省民眾、砸毀店家財物的狀況。

一九四七年二月二十八日下午兩點，台北市民進入中山公園（今日的二二八紀念公園）內的廣播電台，向全台放送台北發生的衝突。此時，的引線更進一步擴及全台，使衝突現場進一步瀰漫到全台各地。

約莫從此時開始，台灣島內的抗爭路線，逐漸分為兩條軸線。第一條，是於三月一日率先於台北成立的「緝煙血案調查委員會」，稍後進一步改名為「處理委員會」。「處委會」的成為，以國大代表、省參議員、國民參政員、縣市參議員、國大代表為骨幹，並邀請著名士紳賢達參與。三月三日到四日，台北市處理委員會成立後，進而決議全台灣十七縣市也組織處理委員會：台中市、台中縣、新竹縣、彰化市、嘉義市、基隆市、台南市、屏東市、澎湖縣、台東縣、高雄市、宜蘭市、花蓮縣、板橋鎮都陸續成立。

「處委會」的組成，有一項鮮明特徵，即主要以既有政治場域（political fields）中的核心成員為主體。這些成員，一方面在事件發生前，就已經在戰後剛形成的政治體制中佔有象徵或實質上的一席之地。同時，相對於大部分台灣島民，他們也是少數握有進入國家內部「議政空間」門票的一群人，且多少有過實際的參與經驗。這樣的背景，無形影響了處委會的抗爭路線：①多懷抱「國家主義式」的想像：雖對戰後政體不滿，但希望藉由體制改革，進一步改革社會。實際上，整個「處委會」的架構，也是完全從國家劃定的「行政疆域空間」中浮現，進而採取行動；②訴求多針對於「政治面」的改革。相對於此，社會面、經濟面的改革則相對罕見。經濟面提出廢除專賣局、貿易局、採統一累進稅制、並恢復生活必需品配給制外，其餘訴求，多針對政治、警察、軍事面官員的省籍比例問題作討論；③省籍比例的改革，多集中於「上層」的分配。例如各廳長、警務處長與各警察局長、法制委員會委員、各法院院長……等，必須有一定比例的本省籍人士擔綱。將對於此，對於基層軍公教席次中的省籍比例，除對「各法院推事、檢察官以下司法人員」提出了要求外，其餘部分則全未提及。

這並不是說，「處委會」是政治菁英「分贓」的場所。反之，回到當時的抗爭現場，更貼近事實的理解，是這些政治菁英企圖提高在長官公署內的影響力、決策權，進一步對戰後的社會狀況進行改革。這可以說是「從上往下」的「菁英主義」路線。這使得「處委會」的訴求，集中於要求長官公署交出包含軍、警面的各項決策權，要不與「處委會」「共管」，要不就是須經「處委會」方可執行。

第二條路線，則是完全不同的另一種狀態。此處的參與者，大多是較為年輕世代的學生、社會青年、前台籍日本兵、與角頭流氓等。相對於「處委會」，他們也許都可稱為籠統的「非政治菁英」，卻也採取了自身視野中的政治抗爭。

在台灣島內的大小城鄉，都出現年輕人率先接收當地警察局、公部門、軍營，奪取其中的武器、焚燒公家檔案與器物、甚至「公審」貪污官員的行動。就一地的規模來說，這些抗爭通常缺乏明確的組織，多仰賴既有的人際網絡動員。就跨地域的關係來說，這些抗爭，也常缺乏有效的橫向聯繫。

相對於「處委會」，第二條抗爭路線，有一些鮮明的差距：①非採取「國家主義」，而是採取「地方主義」或「社會中心主義」的路線。此抗爭之初，參與者就沒有想與國家進一步協商、或借助「國家之手」改革社會的企圖。反之，抗爭者常通過對地方政府機構的攻擊、接收，否定其統治正當性。同時，抗爭興起的空間，常以各自然街庄、或都市中的公共空間（public spaces）為集散舞台，而不是以政治體制中的議會或行政疆域等空間為藍本；②訴求上，並沒有像「處委會」那種明確、列點、說理式的訴求，也沒有高度反思後的系統性論述。反之，更多是通過「非論述」的、卻蘊含著豐富情緒與意義的實作來傳達其理念；③並不仰賴上層席次的重分配，而是直接執行小規模、地方化的「自治」主張。在各街庄、學校、工廠中，許多民眾於事件期間，拿起公部門接收的武器，採取「自行捍衛秩序」的行動。

綜合來說，這兩波抗爭，都同樣蘊含了某種「自治」想像，但其內涵與方法卻頗有差距。第一條路線的「處委會」，雖對政府高度不滿，但仍在最低限度上承認體制正當性，企圖擴大本省籍政治菁英的影響力，進而推動全社會改革。第二條路線，對政治改革其實沒有清晰、一致化的主張，卻在行動中普遍表達出對既有體制的「否定」，並以既有的社會關係為基礎，採取小規模的武裝化「自治」實作。

但從長官公署的角度來說，這兩條路線，卻構成了程度不同的壓力。第二條路線的抗爭者，雖然相對更「激進」，卻多限於地方、體制外的抗爭，與當時台北的權力核心相對遙遠。加上其訴求並不明晰，且此抗爭曾短暫瓦解了國家的地方監控能力，更使得陳儀無法確知其存在與規模。相對於此，第一條路線，於事件期間，幾乎與陳儀是「面對面」與「硬碰硬」互動。因此，當陳儀秘密請託的援兵於三月八日來台後，在短暫而強烈的軍事整肅中，是「處委會」——而非地方自發的小規模武裝抗爭——成為官方鎮壓的焦點。以往對「二二八」事件的討論，常誇大鎮壓的普遍性。實際上，僅以學生為例，例如台南工學院、台中農學院、高雄中學……的個案中，晚近有許多當事者表示，參與學生雖在事件後被要求「自新」或「悔過」，甚至受監控或退學處分，卻未受到任何嚴厲而血腥的軍事鎮壓。

一九四七年二、三月的抗爭，留給那個時代倖存的年輕人——也就是第二條抗爭路線中的參與者——深刻的難題。反抗？不反抗？成功的反抗出路何在？成為社會中青年男女的普遍心聲。爾後，於「二二八」事件後迅速膨脹的另一波地下革命浪潮，是另外一段故事了。但這一波一波的抗爭浪潮，卻有著細膩的因果牽連，導致在沉默與死寂的屠殺後，依舊沸騰著炙熱的抗爭之心。

作者簡介

面燃生。台北人，關注於台灣近代史的爬梳。渴望能從「民族史化」的歷史幻象中，找出另一種關注島嶼歷史的視野……

2

第二節
無聲角落
遺失的二二八

歷史的敘述涵蓋著眾人的共識與承認，如同一個聚光燈般，將事件呈現於斯。然而，在燈光的背後，有著幽微低訴的記憶，如影隨形地穿梭在歷史的縫隙之中，承載著過往、形塑當下。當我們回眸二二八事件，穿梭於歷史事件、歷史解釋與個人記憶間，嘗試尋找一個關乎真實的情景，成為歷史的權威。在本章中，編輯群試圖將目光放置在主流論述之外，一個生活在當時情境中的個人，應當要如何面對二二八，找尋自己被既定史觀所淹沒的觀點，透過書寫自我生命史，使得被遺忘、被掩蓋著的聲音得以重新被聆聽。

在這個部分裡，共收錄了兩篇文章，一為楊翠的〈女性與二二八〉，二為蕭伶伃〈一段尚未完成的記憶工程〉。楊翠藉著她接觸二二八的心路歷程，以及阮美姝女士的生命經驗，開展一個微觀歷史的視野。蕭伶伃則推翻了既定的主流歷史，將個人的情感與記憶鋪展於前，使得諸多尚未釐清的疑問於焉展開。因著受害者的缺席，使得見證這些過往的見證者必須肩負起發聲的任務，不厭其煩的令歷史持續凝結於此時此刻的時空中。

回溯二二八，並不僅僅是為了哀悼島嶼傷痕，這攸關著如何定位國家、定位公民，更是往後社會共識、和解的基礎。我們在抗爭中走過，也在噤聲中憤怒，但過往的歷史若只選擇一個角度站著那便過於尖銳了。當我們試圖釐清所有未完的歷史遺緒，在記憶架架地飄盪、更正與補充的同時，我們已往轉型正義的記憶工程的道路上前進著。

（2014 二二八共生音樂節工作小組　金瑾）

一段尚未完成的記憶工程：1947.2.28

We who survived the Camps are not true witnesses. We are those who, through prevarication, skill or luck, never touched bottom. Those who have, and who have seen the face of the Gorgon, did not return, or returned wordless.

(Primo Levi: 1947)

蕭伶仔

看過「愛情萬歲」，為「悲情城市」掉過眼淚，每年轉開電視總會看到總統致哀，類似的情緒固定在每年二月二十八日自心底勾起。時光荏苒，島嶼上刻著二二八的傷痕也走到了第六十七個年頭。關於追悼，事情似乎變得有些尷尬：為何在已超過半個世紀的此刻，我們仍舊要持續不斷地談論二二八？社會還要持續為這道傷痕哀悼多久？諸如此類的挑戰或說是疑惑，早已隱隱地在社會裡騷動著。

以一個長期關心台灣戰後社會集體

精神狀態的研究者而言，二二八對我來說一直都不是歷史。它是記憶，還在我們的此刻、當下，持續形塑中。在 Pierre Nora (1989) 腦海裡，記憶 (memory) 本身的特質是生活的，動態的，深受行動者當下的社會處境揉塑。相反的，歷史 (history) 映射出霸權式並逐步僵化的宣稱。如果深入二二八事件當時的社會紋理，在街庄巷弄裡的各個場景中的各種歷史殘影，我們是否有自信宣稱我們對這段故事的知識已然窮盡。

每當述及二二八，「族群傷痕」無論在政治語言或是社會、文化論述中，都佔據了主流。然而，二二八真的只是這樣嗎？或是說，在族群撕裂的視角之外，我們還有什麼理解二二八的可欲途徑。在既有的敘事裡，大多將二二八理解為，一群平凡善良的台灣百姓遇上了一個蠻橫的當代中國軍政府。在長期的經濟與社會生活困頓壓迫下，衝突彷彿在高壓鍋內一觸擊發。一場血腥的國家暴力鎮壓繼而席捲全島。然而，我們聽過另外一種故事，善良的台灣百姓為了幫助外省籍友人躲過追殺，冒險協助藏匿。在筆者採訪的過程中，我更聽過這樣的故事：在台灣西部極為偏僻的農村內，二二八是什麼他們未曾聞問，晨昏定省的節奏持續穩定地走過農民的生活。他們如此貧困，對生活一樣不滿，可是並不知道有那麼一批台灣人已經在台北、在新竹、在台中、在嘉義、在高雄挺身反抗。事情約莫是到了同年三月初的「清鄉」行動，當警察與憲兵闖進庄內，村民們才開始經驗到這場政治事件。換句話說，「清鄉」是這些偏遠地區經驗二二八的起點。二二八是「城市的」、「抗爭的」、「國家暴力」。然而，二二八它不僅僅是族群的、苦難的；它亦非僅是一場國家與社會的高張力衝突。

二二八同時也是白色恐怖的關鍵前奏。在二二八之後，台灣省工委地下黨組織快速地組織發展。直至一九五四年為止，在一九四九年至一九五四年中，是白色恐怖槍決人數規模最為嚴重的五年。這五年間，大多數於二二八之後組織起來的紅色浪潮遭遇到嚴重殲滅的困境。其中，外省人受難者人數近五成。然而，此刻的我們是否擁有足夠的知識基礎理解在二二八與白色恐怖之間，台灣的人民的生活發生了如何的轉變？為何會有這麼多的年輕人在那樣的時刻擁抱了另一個中國？二二八或者是白色恐怖，真的是族群傷痕便可一語貫穿的嗎？

然而，與白色恐怖不同的是，二二八本身作為高張力、相對短暫的政治鎮壓。其事件中的抗爭者多數並未遭遇一系列的法律過程：起訴、審判、服刑。或公開或秘密的處決，在基隆港、高雄市政府、嘉義火車站前廣場，我們耳聞過那些槍響下的生命是如何消逝的。此歷史過程導致二二八與白色恐怖在此刻的台灣有一個顯著的差別：二二八的受難者是缺席的。取而代之的，我們遇見了一個又一個二二八的家屬。他們代表死難或失蹤的親人不厭其煩的向政府抗議。他們讓歷史活著，還在社會的記憶裡，透過那個時代下的見證者，一字一句傳遞著那幾天的場景。然而，無論是二二八或是白色恐怖，我們卻缺乏一個讓那個時空下的見證者一個說真話的空間。

在族群衝突與傷痕歷史的論述框架下，我們難以理解為何「本省人保護外省人」在那個時代是如此的普遍。同時，我們也難以領會到為何在一個始終對中國不確定且陌生的處境下，為何會有這麼多二二八的倖存者選擇轉向之後，仍舊選擇擁抱另一個中國。我們同時也相對難以想像，為何當丈夫於二二八所槍決後，被留下的遺孀卻於半世紀後願意投票支持國民黨政權。如果我們認識這件事的起點，正好是一群平凡的人民遇上了一個在中國內戰中嚴重負傷，恐懼失去最後一塊主權之地的威權政體。那麼，除了林江邁以及近六千多個不幸消逝的生命之外，我們是否真的已然捕捉到那個時空背景下的社會集體心理？

二二八事件無疑是一場由國家引發的血腥鎮壓。其後白色恐怖的發生，更致使一股長期壓抑台灣社會的恐懼時至今日仍未徹底鬆綁。在爬梳記憶的同時，二二八事件本身與其之後的社會脈動仍舊留有不少如上述的謎團。回憶二二八，或是追溯二二八的意義並不僅只於憑弔歷史傷痕；更重要的，此刻的我們如何看待二二八即是映射出我們處理政治，看待國家暴力，以及處理社會和解的視角。而正因為二二八本身作為一段尚未真正塵埃落定的過去，在還有機會容納屬於那個年代的各種聲音的此刻，屬於台灣戰後政治轉型正義的記憶工程尚有好幾哩路要走。

我永遠記得悲情城市裡梁朝偉飾演的聾啞攝影師，因為無法言語而差點在火車上被視為外省人而遭遇追打。梁朝偉的角色或許正是台灣社會的縮影。在集體沉默與噤聲的年代裡，許許多多的台灣人與外省人都加入了與國家間的戰鬥中。在一場又一場的搏鬥裡，留下的不僅是抗爭者的血或傷痕，還有一段又一段未明朗的真相與對抗爭者對社會的期待，那對未來的盼望裡，隱含著階級、性別、政治、經濟、族群等種種抗爭的種子。於此，在未真正挖掘出屬於台灣社會的傷痕紋理之前，談論放下或是遺忘，終究稍嫌過早。

作者簡介

一九八三年生。英國劍橋大學社會學系博士候選人。長期往返於英國與台灣。偏好觀察社會邊緣群體的生活。對戰爭、記憶、時間與精神分析相關議題極感興趣。目前努力於白色恐怖時期政治受難者情緒結構研究。

無人聽聞的幽暗心音——女性與二二八

楊翠

一九九一年入秋，在李筱峰與張炎憲兩位友人的引介之下，我認識了二二八遺族阮美姝女士，成為我人生重要的歷史時點。

一九九二年二月，我完成了口述歷史《孤寂煎熬四十五年》，阮美姝對父親長達四十餘年無法說出的思念，終於有了出口。對我而言，《孤寂煎熬四十五年》，既是對所有二二八受苦靈魂的獻祭，更是一個在台灣的專業歷史學訓練者，對於自己的歷史無知的懺悔。

那年，我剛以日治時期台灣婦女解放運動為題，從東海歷史所拿到碩士學位。這部碩士論文的寫作，對我自身來說，意義重大，藉著書寫，我逆時間走進歷史，貼近台灣史、家族史的重要斷面，更辨識了自己的身世。

然而，儘管我知道家族也有二二八經歷，儘管我知道阿媽葉陶曾在死牢中歌唱，然而，家族集體對事件的記憶十分模糊稀薄，連我父親都所知甚少。

一九九一年入秋之後，聆聽阮美姝，擬聲書寫她的生命史與遺族心境，我才得以真正走進二二八歷史現場，近距離貼近一個二二八受苦靈魂，見證那種血肉模糊，感知那種心痛絕望，這種如有實感的歷史色澤與溫度，是我研習歷史以來的首次體驗。

一九四七年三月十二日，阮美姝的父親、《新生報》總經理阮朝日，從病床上被強行帶走，一去不返，屍首也遍尋不著。《孤寂煎熬四十五年》是以阮美姝的口述，佐以她用日文、英文、台語、華文所撰寫的片斷綱目，還有當年少數可以尋得的資料，以生命史形式，透過女兒向父親說話的書信體手法書寫而成。

當時我尚未使用電腦寫作，以四百字稿紙，一頁一頁，每日以「正」字註記，控管寫作進度，為了償還一個歷史的盟約。三歲兒子在一旁，鎮日乖巧觀看日本卡通「龍貓」，還不時遞送衛生紙，讓母親擦拭流淌不止的淚水。

如此這般，我才剛走離意氣風發的日治時期社會運動現場，轉身又走進了血腥風暴的二二八歷史現場，我剛完成的四十萬字碩士論文，以及那紙薄薄的碩士畢業證書，與阮美姝和《孤寂煎熬四十五年》相較，顯得很單薄。

這是我學歷史以來，最驚心動魄的一堂課。它讓我真正認知到，二二八事件的歷史內容，絕不僅止於檔案資料、死傷人數，更是一個家族的永恆傷痛，是許多遺族漫漫長夜的等待、失落、恐懼、孤寂。我與阮美姝進行了大約兩個月的口述，每一次言說，她都無法停止流淚。她失去父親時，還不到二十歲，我遇見她時，她已六十二歲，比起父親在二二八罹難彼時，她已年長了四十歲，然而，她對父親的記憶，卻擱淺在一九四七年三月十二日，父親被帶走那晚，甚至倒退回到童年時期，透過緊緊記憶與父親相處的幸福時光，支撐著她度過失去父親的悲淒，以及被整個世界遺棄的痛苦。

一九八〇年代中後期，解禁、重構二二八歷史的民間輿論，聲音宏大，在巨大民意衝擊之下，國民黨政府才終於開始回應民間訴求，一九八九年八月，全台首座二二八紀念碑於嘉義市設立，同年，行政院成立「二二八專案小組」。民間的學術論述更蓬勃展開，如一九八九年陳芳明主編的《二二八事件學術論文集》出版，一九九一年由胡慧玲等主編的《二二八學術研討會論文集》出版。

一九九一年前後，史料輯錄、機密史料公開、大事紀重編等，都開始進行，相較於這些大歷史的建構工程，出版於一九九二年二月的《孤寂煎熬四十五年》，以女性遺族為發聲者，是一部典型的女性微觀史，叨叨絮絮言說著家族、父女、個人的生命記憶與心路歷程，在當時並沒有得到特別的關注。如今看來，它應該是首部最完整的二二八女性口述史與家族史文本。

二十年後來看，《孤寂煎熬四十五年》出現的時間，確實具有學術史的意義。然而，學術史的紀錄，並不是《孤寂煎熬四十五年》最重要的價值。這個時點，其實是一個歷史性的時間切口。積累超過四十年的沉冤、傷痛、躲藏與等待，這些歷經漫漫長夜的幽暗心音，猶如客籍女詩人杜潘芳格一九六七的詩作〈聲音〉中所說：「不知何時，唯有自己能諦聽的細微聲音，／那聲音牢固地，上鎖了。／從那時起／語言失去了出口。／現在，只能等待新的聲音。／一天又一天，／嚴肅地忍耐地等待。」

一九九二年，這細微的聲音，這細微卻強烈的聲音，終於得以找到出口。

一九九一年到一九九二年，台灣史的重建時期，我這個歷史學研習生，恭逢其盛，不僅以超過五十萬字的書寫，以女性史的視角，參與了台灣史的重構工程，同時，更藉由這樣的聆聽與書寫實踐，踏出自我實踐的關鍵性腳步。

我返頭看見自己的家族史，撥尋家族女性的歷史足履。我的阿媽葉陶，日治時期曾親手解開自己的裹腳步，參與反殖民運動，成為農民運動的急先鋒，是「台灣農民組合」的重要幹部，更是草根性極強的街頭演說家，十餘次進出街頭與監獄，悍然面對日本警察，不曾妥協。

戰後，還沉浸在回歸祖國懷抱的喜悅中，葉陶就已成為二二八事件的黑名單，與丈夫楊逵一同被捕入獄，在黑牢中等待死亡。然而，等待死亡，不等同於向死亡屈服。即使獄友（包括楊逵）都抑鬱苦悶，但葉陶卻在死牢中引頸高歌，唱著一首首台灣民謠，甚至帶領青年學習社會主義。黑牢中的葉陶，越出嚴密的高牆，越出死亡的疆界，往精神實存的海域中自由飛躍。

後來，因為新任台灣省主席魏道明的上任，一紙新的行政命令，「非軍人改由司法審判」，阿媽葉陶與阿公楊逵一行十六人，發回更審，與死神擦身而過。然而，早在此之前，葉陶就已豪邁地跨越了死亡。這是我的阿媽，這是二二八女性的另一種生命姿態，同樣的強韌，同樣富饒生命能量。

也是如此，其後，女性小說中的二二八書寫，成為我博論的一個主題。從陳燁《泥河》中籠罩著的歷史濃霧，到蕭麗紅《白水湖春夢》中歷史記憶世代傳續之可能，再到李昂〈彩妝血祭〉中對父權史觀、男性大歷史的反思，以及對於女性微觀史的關注等，二二八女性敘事，一直是我的關注焦點。

〈彩妝血祭〉中的王媽媽，是二二八女性遺族的縮影，她的悲慟與堅強，她的孤獨與勇敢，她以母愛為兒子解除文化扮裝，也以母愛召喚兒子、自我以及他人的救贖實踐，是一種終極救贖的隱喻。一如女詩人利玉芳的詩作〈蠟炬的淚〉：

如果真有不散的英靈／請從被遺忘的角落甦醒／邁開灑脫的腳步／向我
這盞閃亮的燈光靠近
……
被我的震驚和同情擁抱過的／生命受創的傷口／今夜／就會在我溫潤的
胸脯中癒合。

王媽媽、阮美姝、葉陶，所有二二八受難者，所有二二八女性遺族的「內在母親」，在蓮花燈影中，從被壓抑的「受難母親」形象，昇華成為一個寬闊的、象徵救贖的母性空間。

作者簡介

楊翠，一九六二年生，台中人，台灣大學歷史學研究所博士。現任東華大學華文文學系副教授、「女學會」理事、「政治受難者關懷協會」理事、「賴和文教基金會」董事、「楊逵文教協會」理事長。創作以散文與文化評論見長，研究領域包含台灣文學、台灣婦女史、性別文化研究。著有散文集《最初的晚霞》、學術論文《日據時期台灣婦女解放運動》、二二八口述歷史《孤寂煎熬四十五年》，以及台灣文史研究論文二十餘篇，並參與編纂《台中縣文學發展史》、《彰化縣文學發展史》。

3

第三節

迷霧未散

他們口中的二二八

在這個世代，二二八事件的相關史料與歷史論述，已經從鎮壓後歷時數十年壓抑的闃然無聲，轉變為如今百花齊放、眾聲喧嘩的局面，但談論二二八的空間，真的增加了嗎？

政府雖然已在民間的敦促聲浪之下，將每年二月二十八日設為和平紀念日，各式人權館與紀念碑在全島各處樹立，官方舉辦的紀念儀式口口聲聲和平、人權、民主價值，但另一方面，加害者的形貌卻始終模糊而隱匿。而在多年國民黨執政的輿論操弄下，二二八在許多民眾眼中竟已成為撕裂族群、訴諸悲情的政治工具，要求放下要求遺忘，以集體失憶的方式掩蓋傷口。

本部分的三篇文章，便企圖回應要求遺忘的聲音，分別從全台各地的 228 紀念碑，以及國民黨統治集團與民間歷史論述各個角度，檢視台灣政府與社會於現今如何面對二二八。透過這些審視，我們而今發現轉過頭視而不見，並不代表創傷便能痊癒。對歷史傷痛的忽視與漠然，使得政治制度雖然逐漸轉型，對人民權力的無理侵害卻仍隨時隨地持續發生，真正的正義與自由仍遙不可及，從未到來。

政大台灣史研究所博士生藍士博〈族群衝突還是起義抗暴：二二八事件對於當前台灣社會的啟示〉一文，比較習賢德《警察與二二八事件》與陳君愷《解碼二二八》兩本著作，認為前者「以民眾史為名為統治者作嫁」，將二二八事件視為族群矛盾所產生的社會衝突，藉以掩飾台灣與中國兩地的不同歷史背景，以及國民黨施政無方所導致的結果。

台大歷史系教授陳翠蓮則整理國民黨當局所提出的三種二二八論述，從事件甫爆發的「叛國陰謀」與「共黨煽動」，到 1980 年代民主化運動興盛時強調「重提二二八事件就是破壞族群和諧」，透過綁架外省族群，國民黨當局創造了「外省人原罪論」，在族群保護傘之下躲避對政府責任的追討。乃至於 2000 年後國民黨失去政權至今重新執政，紀念致意動作頻頻，卻始終逃避加害者應負的歷史責任。透過解構黨國統治集團的三種二二八論述，我們便能發現國民黨當局並不在意真相，而將這些互相矛盾的歷史論述，作為繼續掌權的政治工具。

《自由背包客：台灣民主景點小旅行》作者吳易蓁則曾經走訪全島各處不同的二二八紀念碑，透過空間的角度思索今日的台灣如何紀念與記憶歷史，繼而提出反思。

透過這些文章，讓我們連結過去與現在，進一步思索我們身處的社會如何看待二二八，思索我們是否真能夠直視佈滿血淚的歷史，在真相仍被蒙蔽而倒錯，正義仍然遙遠而模糊的當下，就這麼輕易地說出遺忘與放下。

（2014 二二八共生音樂節工作小組　鄭龍驊）

族群衝突還是起義抗暴：二二八事件對於當前台灣社會的啟示

藍士博

從過去啞然無聲的情境到近年來眾聲喧嘩的變化，關於二二八事件的討論已不單純只在史料上的挖掘，更進入到詮釋與論述的戰場。史料與史觀的交錯互涉，立場與意識的針對交峰，在在讓二二八事件的研究持續積累。舉隅來說，近年出版的《警察與二二八事件》（習賢德，二〇一二）與《解碼二二八：解開二二八事件處理大綱的歷史迷團》（陳君愷，二〇一三）兩本著作，分別在立場與內容中呈現出有趣的「對話」現象，特別值得一探：

施政無方擬作族群衝突

習賢德在《警察與二二八事件》中雖然屢屢強調「另外一群人／警察」觀點的重要性，察其內容卻可以發現書中仍然維持、甚至強化過去將二二八事件比喻為暴民作亂，以及刻意突顯事件當中族群之間矛盾衝突的既有觀點。我們必須承認：二二八事件發生之際或有本省人毆打外省人的情況；但我們更應該認清：台灣人從殷切期盼回歸「祖國」，短短二年之間便產生了「本省」、「外省」的差別意識，自是國民黨政府施政無方下所造成的結果。

另一方面，「習賢德們」為什麼自始至終強調事件中的零星個案，不肯面對二二八事件真正的起因與最終結果，在於他們終究不肯面對歷史責任，不願尋找元兇，不希望讓當時的統治者承擔他們本該承擔的政治責任。他們深知：一旦將二二八事件視為不同族群相互矛盾下所產生的社會衝突，便得以遮掩台灣與中國兩地歷經不同現代化過程的歷史背景，更能擺脫國民黨自佔領以降在台灣所施行的種種剝削、歧視政策。

起義抗暴亦是獨立先聲

至於陳君愷《解碼二二八》一書就不同版本〈二二八事件處理大綱〉來探究情治機關當時可能的介入情況，頗有從歷史材料的比對當中修補既有歷史敘事的企圖。有別於習賢德們以民眾史為名為統治者作嫁，《解碼二二八》不僅發現了史料的差異，更呈現了當時台灣群眾對於事件處理的不同態度與訴求。

值得一提的是，戰後初期的台灣民眾並未展現出對殖民地解放、獨立建國的積極態度，甚至二二八事件發生時仍大多抱持著民主、自治的政治主張。因此，戰前作為日本帝國殖民地的台灣社會究竟具備著什麼程度的民族意識？又，為何自二二八事件以後，台灣獨立的政治主張一躍成為海外台灣人社群的主流訴求？這當中的因果脈絡與歷史轉折，自然與二二八事件有著緊密的牽連。

二二八事件對於當前台灣社會的啟示

二二八事件的殷鑑不遠——我們不能忘記，一九四五年國民黨佔據台灣初期，一場有關「奴化」的論爭便在《台灣新生報》中展開。本省籍、外省籍文化人的唇齒交鋒，顯示出殖民地台灣的現代化發展、現代性啟蒙成果受到了無意、刻意的忽視與誤解。再加上，後來日益凋敝的民生經濟，終至讓台灣民眾的怒火燎原。相比之下，近日來馬政府針對中學歷史、社會課綱進行「微調」，意圖抹煞過去教育本土化的改革成果，幾可視為是其官方意識型態、文化霸權的複製與延伸；另一方面，吳介民亦提醒我們：一個跨海峽的政商集團業已形成，無所不用其極透過權力與資本的運作、交易影響台灣內政。上述的種種現象，皆與戰後初期台灣社會的情境有著一定程度的相似——歷史的傷痛還未撫平，眼前的挑戰便已然來襲。

作者簡介

藍士博，政治大學台灣史研究所博士生，後門咖啡執行企劃。研究興趣為日本統治時期印刷媒體發展與台灣知識份子、口述歷史，曾經主持《史明口述史》訪談暨出版計劃，編有《實踐哲學》、《左翼民族》等書。

三種二二八論述：黨國統治集團不斷變體升級

陳翠蓮

二〇〇八年國民黨政府重新執政，台灣歷史的論述方式悄悄推移回原點。例如彭孟緝之子彭蔭剛為父翻案、總統府交辦中研院；郝柏村抗議二二八事件死亡人數逾萬之說，認為「非正常死亡與失蹤人數約為五百人」；近來更有高中歷史課綱偷偷回復大中國史觀之舉。儘管台灣民主化已經二十多年，有關歷史正義的追求，仍然遙遠。

以黨國體制統治台灣超過半個世紀的國民黨政府，在民主化過程中受到衝擊，曾經屢次調整二二八事件論述以因應時變，並且順利得手，形同對台灣社會催眠。

國民黨當局的二二八論述經過幾個階段的變化。一九四七年二二八事件發生後，國民黨政府從中央到地方，都將事件原因歸咎給台灣人。包括蔣介石主席在總理紀念週的談話、監察委員楊亮功、何漢文的調查報告、國防部長白崇禧的事變起因與善後措施報告、陳儀對中央政府的報告等等，都認定：一、台灣人因受「日本奴化遺毒」，反對祖國。二、台灣人受共產黨煽動操縱而動亂。三、二二八事件的本質是主張台灣獨立的「叛國陰謀」。甚至，台灣省警備總司令部《台灣二二八事件親歷記》、台灣省警務處《台灣警察台灣二二八事件專輯》、行政長官公署新聞室《台灣月刊台灣二二八事件專輯》、行政院國防部《台灣二二八事變始末記》、《台灣二二八事件紀言》等官方出版品、《台灣新生報》等官方報紙，一面指控事件是台灣人加害外省人的族群衝突，血淋淋描述台灣人的殘暴罪行，一面又大力推崇外省同胞的委屈求全、寬大仁厚。事件之初，國民黨政府以武力鎮壓掌控全局，又以媒體論述占盡道德優勢。這是國民黨政府最初的二二八事件論述。

一九四八年以後二二八事件成為禁忌。據政治大學新聞研究所夏春祥的博士論文統計，一九四八年至一九八七年整整四十年的期間，台灣三個主要媒體《台灣新生報》、《中國時報》、《聯合報》報導二二八事件相關的新聞，竟然只有十五則。尤其是一九四八——一九八三期間，二二八事件資訊幾乎從公共輿論空間完全消失。一九八三年之後，小說家郭松棻、李渝開始在副刊以文學手法偷渡二二八記憶。

島內的噤聲、沉寂，並不表示台灣社會已全然遺忘。民間以口耳相傳的方式悄悄傳遞、保存記憶，默默抵抗；海外台灣人則以各種方式展開紀念活動。尤其在海外，二二八事件逐漸被推至「國族苦難」的集體記憶層次，成為獨立建國運動的起點。

一九八〇年代，台灣民主運動匯集成滾滾洪流，勢不可擋，長期遮掩的歷史創傷將有重見天日之時。為了防禦二二八事件被台獨運動、黨外勢力所獨攬，一九八三年國家安全局主導了「拂塵專案」，廣泛蒐集海內外二二八事件檔案、史料、報導、對當年警察情治人員進行訪問，累積檔案二十九卷，並於一九八五年出版《拂去歷史明鏡中的塵埃》一書，提出全新的二二八論述。新論述重點是：①二二八事件是台灣人被共產黨利用，無辜受害。②事件中善良的台灣人展現同胞愛、同根生的情誼，救助暴亂中的外省人，否定「台灣人不是中國人」的說法。③最重要的是，國民黨政府在事件中極其寬容、退讓，重提事件是「汙衊政府」、「製造對立」、「破壞族群和諧」。國民黨當局第二階段的二二八論述，對照第一階段的論述要點，出現重大翻轉。

這是國民黨當局所提出最重要、影響最深遠的二二八論述。「重提二二八事件就是破壞族群和諧」的論述方式，透過黨國媒體的傳播；「和諧寬容」的主調伴隨著「寧靜革命」民主化過程，深入人心。在黨國媒體不斷傳播下，人們甚至不知發生了甚麼事？受害者哪裡去了？誰是加害者？就要求「寬容」、「原諒」。同一時間內，民進黨立委屢屢在國會質詢中要求公開真相、追究責任，國民黨當局避重就輕、模糊焦點，指控重提二二八事件是「揭開歷史傷口」、「煽動仇恨心理」、「挑撥同胞感情」、「破壞族群和諧」。

「追究國民黨政府責任」被巧妙轉移成「破壞族群和諧」，國民黨政府的新論述顯然綁架了外省族群，將國民黨該負的責任轉嫁給全體外省人，國民黨當局製造了「外省人原罪論」，再悄悄躲入族群的保護傘之中。

二〇〇〇年國民黨失去政權、淪為在野黨，二〇〇五年接掌黨主席職位的馬英九，著力於「與台灣歷史連結」，開展國民黨第三階段的二二八論述。馬英九自台北市長時期，就刻意經營二二八紀念活動，屢次在紀念儀式上以台語致詞；擔任國民黨主席後更積極拉攏二二八受難家屬，拜訪致意、鞠躬道歉、哽咽落淚，並在前國民黨中央黨部掛起二二八受害者廖進平、宋斐如的巨幅遺像，發表專文、拍攝二二八紀錄片。他的論述重點是：①、二二八不是族群衝突，事件中處處反映族群互助。②、二二八事件不是反抗外來政權、並非追求台灣獨立運動，台灣人心向祖國。③、二二八事件是「官逼民反」、不是「黨逼民反」，犯錯的是陳儀，不是國民黨，把責任推得一乾二淨。

三個階段的論述充滿工具性格，並且相互矛盾。但是對國民黨當局來說，真相並不重要，只要民眾相信、無法判斷，就能繼續掌握政權。歷史赤裸裸地成為政治與權力的工具，而選民則在歷史論述中相互對抗。

二十多年來的民主轉型著重體制的建立，形式上的選舉參與，卻疏於媒體、文化、意識型態的解構。相對的，台灣民主化以來，黨國統治集團社會大眾更流利的地以政治修辭及形式包裝舊思維、舊價值，收割民主化成果，終於順利復辟成功。今日，黨國統治集團成員「民主、人權、和平」朗朗上口，但是細細觀察，二二八紀念活動雖年年舉行，國家元首年年道歉，但獨裁者銅像與紀念館仍然矗立，受難家屬怨忿不平卻無處可訴；檔案館、人權館等形式館設陸續建立，但從不碰觸加害者、責任問題，檔案使用也限制愈多。黨國統治集團一再變體、升級，二二八論述只是一例，公民社會護衛台灣民主的鬥爭，仍需加倍努力。

作者簡介

陳翠蓮，台灣大學政治學博士，台灣大學歷史學系教授，主要研究領域為日治時期台灣政治史、戰後台灣政治史。一九八七年起曾經擔任《自立晚報》記者多年，見證台灣民主發展過程。曾任淡江大學公共行政學系副教授、系主任；政治大學台灣史研究所副教授、教授、所長。著有《派系鬥爭與權謀政治——二二八悲劇的另一面相》（時報，一九九五）、《戰後台灣人權史》（合著，台灣人權紀念館籌備處，二〇〇三）、《二二八事件責任歸屬研究報告》（合著，二二八事件紀念基金會，二〇〇六）、《台灣全志政治志民意機關篇》（台灣文獻館，二〇〇七）、《台灣人的抵抗與認同 1920-1950》（遠流，2008）、《百年追求：台灣民主運動的故事卷一自治的夢想》（衛城，二〇一三）等書。

從二二八紀念碑看我們對歷史的態度

吳易蓁

位於二二八和平紀念公園內的台北市二二八和平紀念碑。（吳易蓁攝）

今年是二二八事件第六十七週年，然而在生活中，二二八事件的追尋似乎隨著時間，成為了許多人「形式上」的紀念。過去兩年，因為撰寫《自由背包客：台灣民主景點小旅行》，我有機會走訪台灣的一些二二八紀念碑，從這些紀念碑中、碑文、地理位置，以及參訪民眾，可以發現我們對二二八這段歷史的態度。

台北的二二八紀念碑就座落在二二八和平紀念公園內。二二八和平紀念公園，原名為「新公園」，於一九〇八年落成啟用，直到一九九六年因二二八紀念碑的揭幕，由當時的台北市長陳水扁先生主導，將「新公園」更名為「二二八和平紀念公園」。

然而，並不是許多人知道為什麼要將紀念碑立於此，更不知道更名的由來。由記得剛上大學來到台北的我，某日與哥哥易叡散步於公園內時，易叡指著公園內一座古色古香的柱子，問我「你知道那是什麼嗎？」時，我還以為那只是公園內的路燈呢！從那時，我才知道，原來紀念公園內，設置著臺灣廣播電台的放送亭，早期的民眾，因為難以負擔廣播電台的費用，都是圍在公園的放送亭旁，吸收著最新的資訊。還記得當我知道放送亭的歷史時，心中覺得不可思議，彷彿可以穿越時空，看見當時的人民，是如何焦急地聚集於此，聽著裕仁天皇宣讀《終戰詔書》，討論著臺灣的未來。而二二八事件發生時，也因為民眾佔領廣播電台，將二二八事件的真實經過，透過廣播快速傳達。

這些庶民的歷史，從未寫在教科書中，紀念碑也未容納這些故事。現今的二二八紀念碑，是由當時的台北市政府舉辦的競圖比賽所決定。值得一提的是，這個紀念碑是當時評審團評選的第二名，卻在受難者家屬的評選中獲得青睞，它高聳的鐵架外型，設計理念是「採自基隆港碼頭起重機的鋼架，說明鎮壓二二八事件的軍隊是從基隆碼頭登岸」。然而，它「向天悲訴」的背後意義，更貼近受難者家屬的心境。這件事告訴我們，有時後，我們很難理解受難者、事件直接接受者的心境，即使我們都有相近的理念，卻永遠有許多更深入的反省空間等著我們去對話。

然而，從這個競圖決選過程，我們也能瞭解到，為什麼至今，受難家屬仍難以接受「道歉」。當這段歷史，在教育中常被簡略對待的處境下，對家屬而言，事實仍被掩蓋，仍然「向天悲訴」中。常常，我經過紀念碑時，總會朝紀念碑望去，看看是否有人在觀看，而往往停駐在紀念碑前的，都是中老年人，孩子對於這段歷史，似乎越離越遠。

嘉義的二二八紀念碑有兩座，兩座都別具意義。第一座嘉義市彌陀路二二八紀念碑，是台灣首座二二八紀念碑，於一九八九年解嚴初期建立。而這座紀念碑的設立過程，其實幾經曲折。一開始，紀念碑原定設立於嘉義火車站前，一來紀念二二八事件於嘉義火車站遭受槍決的十六名菁英份子，二來取代當時設於火車站前的吳鳳雕像。然而，於火車站設立紀念碑的舉動開始受到阻撓，獅子會率先於吳鳳雕像原址設立和平鐘，讓紀念碑的計劃再度延後，經過

嘉義市彌陀路二二八紀念碑。(吳易蓁攝)

立委、長老教會、張博雅市長等人的努力下，終於在嘉義市彌陀路興建了二二八紀念碑。

這段波折的紀念碑建立過程，在嘉義市民的記憶中，是鮮明的。原本民眾期待於具有歷史意義的紀念地點興建紀念碑，最後卻被迫在市區邊陲興建紀念碑，從這樣迥然不同的地理位置，可以看見當時建立一座紀念碑的困難度。在興建過程中，設計者詹三元先生與友人，必須二十四小時守在工地旁，除了保護紀念碑受到有心人士破壞，也同時承受著不明人士的監聽與恐嚇。而原定四層樓高的設計，也因為地理位置的關係縮小規模。現在，到嘉義市彌陀路，我們會看見一個小巧的三角錐建築，然而這個小巧的紀念碑，卻有著重大意義，代表著民眾在逆境中爭取公平正義的決心。

相對地，嘉義市二二八紀念公園的紀念碑，就十分不一樣。嘉義市二二八紀念公園建立於一九九六年，公園內有許多紀念設計，除了紀念碑外，公園內的許多設計，都包含著紀念意涵，例如公園草地上刻著「二二八」字樣的小石磚，與紀念碑面對面的「諸羅之年輪」圖騰柱、浮雕、紀念碑前的獻花臺⋯⋯等，甚至一旁的二二八紀念館本體，也以半埋在地下的方式興建，呈現「從掩蓋的歷史中，人民出頭天」的意涵。這樣的設計，讓我聯想到易叡曾造訪德國柏林的「恐怖地形圖紀念館」（Topography of Terror）。

「恐怖地形圖紀念館」是一個揭示納粹在二戰時期作為的紀念館，整座紀念館的設計是埋在地底的，因為他們政府、人民都有共識，認為納粹的這一段歷史是羞愧的，不應建築在地面之上。恐怖地形圖紀念館與嘉義二二八紀念公園紀念館，雖為兩種不同性質的紀念館，但都有著從建築思考歷史的深度。「讓建築說話」在這時便顯得意義重大，因為許多歷史是難以訴說，或只能「向天訴說」的。為什麼至今受難家屬仍然悲痛，除了政府沒有積極落實轉型正義，人的歷史創傷其實是難以用語言來彌補、闡述的。而我們若能從紀念碑、生活中所見的建築中去體會歷史無法說清楚的情感，紀念碑、紀念建物的設立就別具使命性。

另外，嘉義市二二八公園紀念碑主體，是以原住民口簧琴的外型設計，紀念嘉義的二二八事件，參與其中的原住民們。而紀念碑前的四隻梅花鹿共飲一泉水的設計，四隻鹿分別代表「外省」、「本省」、「客家」、「原住民」和平共生的意像，而泉水的水會順著溝渠流進獻花臺中。這樣較為寫實、具象化的設計，看得出設計者對和平和解的嚮往、凸顯了原住民在二二八事件中所寫下的動人詩篇，也讓民眾能從整個公園中去反思，二二八事件帶給各個族群的衝擊與意義，這在許多二二八紀念碑中，是較少見的。

高雄的二二八紀念碑，建立在高雄市和平紀念公園中。高雄市和平紀念公園，地理位置建立於高雄二二八事件行刑地之一，而對面的高雄市歷史博物館，在當時為高雄市政府，在二二八事件中，也受到波及。當時的高雄市政府，遭到鎮壓軍隊攻擊，直接朝內丟擲手榴彈，死傷無數。而高雄的二二八紀念碑造型雖然簡單，兩側石頭刻出的受難者姓名，卻讓我十分感動。「紀念碑」無非是紀念事件被犧牲的受難者，「一一刻上名字」，其實是給予受難者與家屬最直接的致意。看到這個紀念碑，讓我聯想到綠島的人權紀念碑，上面的名字是輸出貼上的，隨著時間風吹日曬，偶然會見到受難著的名字斑駁脫落。

記得，曾經看過一本童書《爺爺的牆》。故事描述一位爸爸帶著孩子，到越戰紀念碑上，找尋爺爺的名字，爸爸把孩子揹在肩上，讓孩子摸摸爺爺的名字，孩子看著爸爸拿出紙筆，把爺爺的名字拓印在紙上收好，鄭重地帶回家。簡單的故事，確有著廣大的歷史、社會教育意義。

有時候，紀念不是只是「已經立了碑」、「已經辦了活動」，就能足夠；許多紀念碑的碑文，仍有許多人無法接受。關於紀念碑、碑文、紀念形式都是我們邁向真正的歷史原點的方式，我們必須用各種方式不斷地反省、反芻、重新建構，才能夠朝撫平傷痛邁進一點點。

作者簡介

國立台北藝術大學戲劇學系、英國 East15 Acting School at the University of Essex，Filmmaking 碩士畢業。目前從事編導、歷史文化影像工作。現為夾腳拖影像有限公司、夾腳拖劇團的工頭。劇本作品有《再見獨角仙戰士》、《阿媽的雜細車》（五月於紅樓公演）等。導演作品有新北市電影節《墜落邊緣》、客家電視台單元劇《狗兒子》。著有《自由背包客：台灣民主景點小旅行》。

高雄市二二八和平紀念碑。（吳易蓁攝）

4

第四節
異語同聲
跨國經驗實踐

1947 年的二二八事件，對臺灣的影響至今 67 年之際，仍在逐步發酵。從過去絕口不提的禁忌，到如今成為可以公開討論的議題，二二八經歷了 40 年的塵封，1987 年，陳永興與鄭南榕遂組成「二二八和平日促進會」，矢為二二八受難家屬平反，臺灣面對二二八，回想過去因為許多不得已的噤聲而消蹤匿跡，焦慮與恐懼轉化成政治威權，進入權力架構，使受難者家屬承受整個時代高壓折磨。

回顧臺灣如何面對歷史遺留的問題，從官方機構的一家之言，到社會習慣公開討論與一再出現的學術研究後，由自身立場自主書寫到公共空間的倡議，見到臺灣歷史上標誌性的進步，不再甘於服膺，而是願意重新檢視過去的問題，即使充滿創傷、即使困難重重。歷史再也不是政治修辭填充後的表象，而是如何從面對歷史，端倪出你所能、所願、所想面對的現實。

葉浩教授從轉型正義的本質與政治實踐出發，提出「眼前路」與「身後身」作為今日台灣如何面對歷史遺緒的隱喻。當前轉型正義本質上為回溯過去威權的政治問題，然而，不是強調一時激情地清算，而是藉由不同的轉型正義模式，處理「身後身」的糾葛，目的在於將經驗化作「眼前路」行動原則中的意義與價值。

在沒有經驗借鏡的情況下，多數人會先預設立場，認為自己沒有能力解決或回應自己所願意抵抗的現實，因為害怕選擇隨之而來的未知的結果。在此章節中，三位學者以揉合跨國、跨文化、與跨議題經驗的方式，凸顯轉型正義的普世與永恆。

落實轉型正義是一個跨國的普世趨勢。對於許多政治發展不完善的國家，認識自己身處政治環境的過去，不僅是書寫歷史，也是透過和解，建構未來。陳俊宏教授以「後衝突國家」的概念出發，介紹目前國際建制對於轉型正義的普遍認知以及臺灣經驗。轉型正義難以透過單一管道達成，不只是賠償了事，還有對於既有體制的改革，杜絕重回威權、壓迫與屠殺的可能，才能達到轉型正義最後的目的：「不再發生」（never again）。

落實轉型正義也是個跨議題的永恆原則。1980 年 2 月 28 日，在今日義光教會現址，為人記得的「林宅血案」直至今日只剩文字，沒有回顧歷史現場，難以重現當時的肅清與壓制。葉虹靈執行長以回溯林宅血案的調查始末，形式化調查使得真相至今並未被揭露與重視，從過去對異己缺乏包容產生的錯誤，到今日逃避責任不願細究，那麼，即使再多紀念日也始終無法落實轉型正義。

直至今日，我們還是會害怕挺身而出的後果，還是害怕未知的未來可能會帶來的無情改變，每回經歷二二八，就像許多未解決的歷史問題相映著今日層出不窮的不公義事件一般，歷史彷彿是對現實的嘲諷。然而，臺灣並非唯一在艱困道路上，一部分理解轉型正義的路途，並非限制台灣在地化轉型正義經驗的可能，而是撩撥起更多對於過去的責任，與臺灣、歷史、自身達成共生。

（2014 二二八共生音樂節工作小組　林德棻）

記憶另一起二二八的責任

葉虹靈

一九八〇年，儘管距離二二八事件已逾三十年，但此議題仍是島上禁忌，要再過六年才有「台灣人權促進會」舉行紀念座談首開民間先例，為翌年啟動的平反運動之發軔。此後隨著民主化的進程，二二八平反風起雲湧，總統例行道歉、賠償金發放，官方先後發布兩次調查報告，釐清事件始末與官員責任歸屬，達成階段性的轉型正義目標。但發生在八零年二月二十八日的另一起悲劇，則還等著人們為它翻過新頁。

這件造成三死一重傷，後被濃縮為「林宅血案」四個字的悲劇，隨著當事人後來持續投身政治具有的全國知名度，對社會來說，似乎已淡去了事件本身的悲愴，模糊了它原本該在社群中所處的記憶定位。家屬既似已走出陰霾，案發地點也成為傳播愛與信仰的義光教會，我們如今是否需要、為何需要、應該如何記得這件事？或者，我們不妨先回到事件本身。

案發翌日，警政署專案小組公佈第一次偵查報告，勘驗所得：

「屍體三具，相驗結果：①林游阿妹，身中十三刀，計前胸六刀，後背三刀，右指抵抗一刀，左手臂後三刀，頸部一刀係致命傷。②林亮均、林亭均，均背後一刀深及肺臟喪命」，她們分別是六十歲與六歲。倖存的林奐均時年九歲，背部傷口五處，左前胸口一處。

一週後，刑事警察局長曹極在省議會表示：「有萬分之九千九百九十九」的信心可以破案。當時被官方與媒體設定的犯案對象性質是：匪諜、台獨、國際陰謀份子三合一敵人；具體人選則有時常來台、與黨外人士交往甚深的美籍學者家博（J. Bruce Jacobs），以及有妄想症的宜蘭人何火成。然而，這起震撼海內外的案件，在專案小組據稱清查一百萬人以上仍然未果，兩年後即遭擱置，即便是有民主先生之稱的李登輝政府任內，也並未積極調查這起重大政治案件。案子再被從塵封的檔案櫃中找出，已經是一九九六年，陳水扁出任台北市長的事了。

此後，本案偶爾浮上報端：陳水扁市長指示台北市警察局重組專案小組偵辦；同年監察院江鵬堅監委自動調查偵辦人員有無懈怠失職，並函請行政院重啟偵查，刑事警察局遂於一九九八年重組「撥雲專案」，但無所獲；政黨輪替後，二〇〇七年刑事局重查本案，無甚具體成果；二〇〇九年在馬英九總統指示下，官方組成歷來層級最高的專案小組，再度對本案與陳文成命案這兩個指標性的政治案件重啟調查，結果被民間抨擊為敷衍了事、語焉不詳。

如同先前的監察院調查報告已經指出，當年專案小組的調查對象設定為匪嫌、台獨分子、黑社會成員、國際陰謀組織，卻獨缺情治機關人員涉案的可能性，而未針對此方向積極進行偵辦，難免「貽人包庇或諱疾忌醫之口實」。民間長年的懷疑是，美麗島大逮捕後，黨外要角家屬與家宅受到密切監控，兇手能在光天化日情治人員監視下，順利進入林宅且停留超過八十分鐘作案，背景呼之欲出。

但在二〇〇九年這個集結高檢署檢察長、台北地檢署檢察長、調查局長、刑事警察局長、台北市警察局長組成的調查小組，成果卻令人失望。例如其中花了極大的篇幅說明，林宅並未受到二十四小時監控，欲間接排除民間對情治機關涉案或包庇的疑慮，其理由有二：檔案沒有紀錄；男主人已被補，不須監控婦孺。這個說法，在「台灣民間真相與和解促進會」與管碧玲、田秋堇立委合辦的回應高檢署報告公聽會上，遭到吳乃德教授的批評，認為太過薄弱也不符合當年親歷者們的經驗。而曾被當成疑兇的家博則在檢視高檢署報告後，投書批評其中幾點重大闕漏，例如林宅電話通聯紀錄中，明顯遺漏了他於案發當日中午的致電；也未記載他當年曾與「目擊者」對質結果；或者專案小組本欲對物證進行血跡比對，卻因向家屬詢問未果，也查無家博在台就醫紀錄而作罷；至今仍時常訪台的家博寫道：「如果他們問我，我會願意告訴他們我是B型陽性。」

不過，這份報告中最引人注目的一段，或許是「家屬已選擇遺忘血案，並無接受訪談意願，致尚未能進行訪談」，專案小組的論斷，也在吳乃德教授向家屬查證後，在公聽會上被嚴正地駁斥，「林先生強調，他們家屬『不但沒有選擇遺忘，而且永遠不會忘記。』」對家屬來說，這樣切身的宣示極其自然；而對旁人來說，記得這起悲劇，或許還有另外一些理由。

儘管三十多年後，追尋真兇聽來已然遙不可及，但民間未曾放棄拼湊真相的努力，二〇〇六年由陳文成基金會組織的「真相靠自己」調查報告中指出，案發之時，國民黨內政外交遭逢統治危機，遂動員黨政軍特與傳媒，全面殲滅黨外人士，並縱容親國民黨的極右派勢力，假「愛國」知名，鼓動對黨外人士的「仇恨」。當「意識形態」成為判別敵我的唯一指標，批上愛國外衣的仇恨，林家成為這股極端氛圍的犧牲者。

對於身為林宅血案之後的一代一代人來說，記得這件事，可以讓我們警覺，威權統治的社會控制與恐怖氛圍；政府在轉型正義工作上的卸責與無能，民主化後亦然；以及更重要的、是那些讓人產生仇恨情緒的東西，不論是排斥性的意識形態或對異己的不寬容。記得這件事，還可以讓我們學到，人如何可能克服重大的創傷，既不逃離、也不遺忘，持續追求生命的美好與理想。法國總統歐蘭德，在前幾年悼念獵捕尤太人事件的講詞這麼說：「思及那些來不及長大的生命，那些被剝奪未來的孩童，那些英年早逝的人生，我們必須對於自己作出更多的要求：拒絕冷漠、輕忽以及驕矜自大，我們就會更為堅強。」

作者簡介

清華大學社會學研究所畢，現正就讀台灣大學社會學研究所博士班。作者現為台灣民間真相與和解促進會執行長，這是國內唯一專以推動轉型正義為職志的民間團體。

聯合國與轉型正義

陳俊宏

處理人權侵害的遺緒，是轉型社會所必須面對的重要工程，也是聯合國多年努力的工作之一。作為保障基本人權、維護世界和平的國際組織，聯合國主張一個政治轉型的國家如何妥適處理過去的遺緒，是建立法治以及追求和解社會的前提。而若要重建社會的信任，更是需要官方公開承認人權侵害的事實，並要求加害者負起責任，以及撫平受害者及其家屬的創傷。因此二〇〇四年聯合國前秘書長安南（Kofi Annan）在安理會的報告（S/2004/616）中明確指出，為了協助各國保障基本人權，維護區域和平，聯合國將特別關注正處在衝突當中、或是後衝突國家（post-conflict states）的轉型正義以及法治的問題。安南在此報告中將轉型正義定義為：「一個社會處理大規模濫權的遺緒，所進行和建立的所有程序和機制，其目標在確立責任、服膺正義、並成就和解」。而在聯合國的官方機構中，人權高級專員辦事處（Office of the High Commissioner for Human Rights）則是推動與執行聯合國轉型正義業務的主要機構。至目前為止，人權高級專員辦事處已經為全世界二十多個國家的轉型正義方案提供支援，內容包括協助制定國家協商計畫、支援設立真相調查委員會、建立司法課責的相關機制和賠償方案等等。另一方面，為了提供各國進行轉型正義具體的參考依據，人權高級專員辦事處出版「後衝突國家的法治工具」（Rule-of-law tools for post-conflict States），提供了一個包括追訴、賠償、起訴、特赦以及真相委員會等整全性的方案，以及各地的實務經驗與作法的彙整，作為任何追求轉型正義的國家之重要參考準則。除了透過通過相關的指導原則、並訂定每年的三月二十四日為「瞭解真相與維護受害者尊嚴國際紀念日」強調保存受害者記憶、以及瞭解真相的重要性，以及出版系列報告書之外，二〇一一年九月二十六日聯合國人權理事會第十八次的會議中，則進一步確認任命一位「促進真相、正義、賠償與保證不再發生之特別報告員」（Special Rapporteur on the promotion of truth, justice, reparation and guarantees of non-recurrence），負責轉型正義的相關業務。二〇一二年三月二十二日聯合國人權理事會第十九次的會議中，正式任命「國際轉型正義中心」（International Center for Transitional Justice）前主任 Pablo de Greiff 為首任「促進真相、正義、賠償與保證不再發生之特別報告員」，為期三年，負責轉型正義的相關業務，更展現了聯合國推動轉型正義的決心。

自Pablo de Greiff上任以來，持續推動一個全面性的轉型正義途徑(holistic approach)，強調「促進真相」、「正義」、「賠償」與「保證不再發生」，是轉型正義的四大元素，在概念和經驗上並非隨機的組合，而是彼此相關且具有互補的關係。在許多國家推動轉型正義的經驗一再證明，在這四大元素間進行權衡取捨或是有所偏廢，都不利於轉型正義工程的進行，而和解的目標更不可能在缺乏這些元素的前提下實現。舉例而言，司法追訴不僅要求追求真相，還要求根據揭露的真相採取行動，因為僅僅揭露真相並不足以彌補罪行所帶來的傷害。而賠償方案需與起訴同步進行，則賠償方案的受益人會較願意將這些方案提供的賠償金視為賠償，而非只是便宜行事的補償措施。而真相委員會所提出的最終報告(final report)本身，就是一項有助於重建公民信任的賠償措施。而若沒有包括例如「人事審查」(vetting)等體制改革的措施，也不足以保證侵權行為不再發生。Pablo de Greiff也特別強調，轉型正義的推動是一種尋求公民信任(civic trust)的過程。藉由追求真相的過程，可以讓人民理解到在獨裁政權統治之下，受害者與旁觀者之間，以及公民與國家之間的恐懼感與不信任，同時可以體認在獨裁體制下，恐懼感如何在生活中發揮無與倫比的影響力，以及旁觀者因為政治恐懼所帶來的膽怯、懦弱及無力感，而造成維持體制的效果。正如已故政治哲學家 Judith Shklar 所言，政治恐懼感提供了一個知識論上的基礎（epistemic foundation），有助於我們認識政治世界的基礎及其限制。另一方面，在先前獨裁政權體制性暴力所建構的霸權語境之下，政治受難者如何具體呈現不同於主流社會所呈現的歷史，並有力地回應對他們的歷史採取否定的真相否認者（truth deniers），就顯得非常困難。因此透過追訴或真相追求的過程，讓受害者及其家屬從一個政治失語的壓迫狀態中回覆，重新認可他們的思考、言說與行動的能力，將是政治和解過程的重要步驟。獨裁政權剝奪受害者言說能力的目的，除了剝奪他們表達具體遭遇的能力之外，同時也剝奪他們對於如何將自己在歷史中定位的權力。因此受害者聲音的呈現以及政治失語的矯正，是真相發掘過程的重要前奏曲。而透過賠償措施的實行，可以展現政治體制對待過去種種侵權行為的嚴肅態度，從而促進公民對體制的信任。最後，透過對公職人員的人事清查，可以展示出對新的民主體制建立系統性規範，重建公務人員聘用和留用、紀律監督的規範和防止任人唯親的決心，從而促進對體制的信任。如果體制內仍然充斥著加害者，則即便其中少數人受到了起訴，受害者未必會願意信任這種體制。更重要的是，轉型正義的目標，不僅在於集體療癒與賠償，而是如何恢復政治受害者及其家屬的政治主體性，重建其公民身分所應有的權利與自尊，使其不再僅是真相的提供者，而是成為重構集體記憶的參與者，以及積極捍衛集體記憶的公民。在二〇〇七年的秘魯大選中，政治受難者團體在大選中明確指出某位候選人不當的人權侵害紀錄，並進行遊行表達訴求，他們的角色不僅是集體記憶的保護者，更成為防範民主倒退、威權復辟的守門者。

而這種強調全面性的轉型正義途徑，近年來也在經驗層次上獲得證實。根據 Leigh A. Payne, Tricia D. Olsen, and Andrew G. Reiter 等三位政治學者針對一百六十一個國家所採用的八百四十八個機制所進行橫跨將進四十年（一九七〇——二〇〇七）的追蹤研究顯示，使用單一機制（特赦、審判、真相委員會）通常對於民主與人權的保障不會有正面的效果，因此作者們強調整合不同機制的方式較能促進人權與民主。

相較於當前國際社會的發展趨勢，台灣顯然自外於國際潮流。台灣民主化至今已逾二十年，不但沒有建立處理轉型正義的專責機構，政府和民間在這項工作的成就也並不完整。台灣在轉型正義的政治工程中，對受害者的補償幾乎是唯一的作為，而對加害者進行法律或道德上的追訴，以及對真相的發掘工作幾乎付之闕如。二二八事件、白色恐怖時期諸多政治審判、林宅血案、陳文成博士命案等，至今仍是真相未明。近日所引發的高中〈歷史課綱〉及〈公民與社會課綱〉「微調」事件的爭議，試圖刪除白色恐怖歷史的舉動，更凸顯執政當局昧於史實，美化威權統治的企圖甚為明顯。而台灣也從來沒機會對獨裁統治的加害系統進行反省。依照戒嚴法第十條規定，人民均得於解嚴之翌日起，對於軍事機關前揭內亂確定判決，依法上訴。但執政當局卻在解嚴前夕修改〈國家安全法〉第九條禁止政治案件的上訴，後經大法官釋字第 272 號解釋作出此乃「為謀裁判安定與維護社會秩序」所必要的合憲法律，使台灣無法對涉嫌不法行為（包括酷刑、非法取供、羅織假案等等）之公職人員進行追訴、審判與究責，使得許多體制加害者或協力者，仍繼續在民主化後的政府擔任要職，導致有罪不罰（impunity）的現象盛行。而政府未曾設置「真相委員會」之調查機制，積極投入資源進行歷史真相的調查和公佈，回覆受害者的尊嚴、檔案整理與開放、鼓勵相關研究、人權教育的推廣等，使得台灣對於這一段威權統治歷史的理解仍存在人云亦云的階段。近來檔案局甚至屢以〈政府資訊公開法〉和〈個人資料保護法〉為由，阻礙政治檔案之開放與近用，凡此皆使大量政治案件真相迄今未明。這種只補償被害人，但不願意追究加害人並尋求真相的處理模式，不僅無法解決威權時代所留下的遺孽，更使台灣出現民主治理的嚴重危機。

由於我國特殊的外交處境，長期以來台灣社會對於聯合國及其相關的決議文書，以及以聯合國為主軸的國際人權體系一向感到陌生，遑論對聯合國近期在轉型正義工程所做努力的理解。或許有人會質疑，台灣既然不是聯合國的會員國，討論聯合國在轉型正義議題所提出的準則與方案對於思考台灣的處境有何幫助？事實上，在去年（二〇一三）年二月二十五——二十八日，台灣首次舉行了兩公約初次國家報告的國際審查，其中的委員就有幾位長期擔任聯合國重要職務的國際人權法的學者以及轉型正義議題的推動者。例如 Manfred Nowak

及 Theo Van Boven。Manfred Nowak 曾經擔任聯合國《酷刑與其他殘忍、不人道或侮辱之處遇或懲罰》特別報告員，是國際知名的國際人權法學者。其中特別值得一提的是 Theo Van Boven 教授。Von Boven 教授不僅擔任過聯合國《酷刑與其他殘忍、不人道或侮辱之處遇或懲罰特別報告員》，也是聯合國《受害者補償權利特別報告次委員會》的特別報告員。二〇〇五年十二月十六日聯合國通過《嚴重侵犯國際人權法和嚴重違反國際人道法行為受害人獲得補救和賠償的權利基本原則和準則》（Basic Principles and Guidelines on the Right to a Remedy and Reparation for Victims of Gross Violations of International Human Rights Law and Serious Violations of International Humanitarian Law）的第 60/147 號決議，在這份決議中指出了國家對於大規模侵犯國際人權與人道法的義務，以及重申受害人獲得賠償的權利（大會第 60/147 號決議），並對於何謂受害者作了明確的定義。而這套準則正是來自 Van Boven 與另一位學者 Cherif Bassiouni 之手，因此又稱為 Van Boven / Bassiouni Principles。在審查過程中，轉型正義議題在官方報告中隻字未提，充分顯示政府對轉型正義議題的漠視。而在兩公約監督聯盟召集人、同時擔任此次國際審查秘書處「七人小組」委員黃嵩立教授的協助與安排之下，本文作者代表台灣民間真相與和解促進會，在〈核心文件〉（core documents）的審查中提出我國政府推動轉型正義的種種問題，並提供相關資料供審查委員參考，期待能獲得 Van Boven 教授與其他委員的積極回應。隨後在進行官方報告的審查過程中，Van Boven 教授果然提出這一個原本不在官方報告中的議題，要求相關部門提出具體主張與回應。而在大會最後提出的八十一點〈結論性觀察與建議書〉中的第二十四、二十五點中特別提出有關推動轉型正義的具體建議，同時呼應了聯合國所強調包括追求真相、服膺正義、進行賠償等基本元素：

24. 解嚴之前的壓迫與大規模的人權侵犯事件對中華民國（臺灣）社會留下巨大傷痕。政府為了撫平歷史傷口及賠償受害者而採取了某些措施，包括通過二二八事件處理及賠償條例以及興建二二八事件紀念碑。然而，轉型時期尚未結束，需要政府更多作為來促成中華民國（臺灣）社會的和解。賠償權應包括被害人在社會與心理層面的復原，也應同時賦予追求真相與正義的權利。

25. 專家建議政府應採取措施揭露白色恐怖年代大規模人權侵犯事件的完整真相。此外，為賠償正義之所需，政府亦應確認被害人所經歷的折磨與苦難。

對此，政府應保證被害人與研究人員能夠有效取用相關的國家檔案。

這是台灣首次藉由自己的方式與規格參與聯合國主導的人權報告審查，會後馬英九總統並召開國際記者會誓誓旦旦承諾將履行專家建議，落實「人權治國」的理想。然而國際審查至今已過了一年，當國際鎂光燈不再關注之際，執政政府似乎早已將落實這些建議的承諾拋諸腦後。儘管我們對於情勢的發展一點也不感到意外，然而，我們仍應善用這個國際專家所提出的具體建議，以及保持與國際人權網絡的緊密聯繫，持續向國際社會發聲，藉此向政府施壓，要求政府必須履行專家所提出的具體建議，讓成就轉型正義的目標不再是政治人物口惠而實不至的政治修辭。倘若我們持續漠視，不但無法確保惡行「永遠不再」（never again）的目標得以達成，也無視於所有政治受難者及家屬曾經遭逢的苦難。台灣實已錯過了許多追求轉型正義的最佳時機，如何處理此一事涉民主、正義、人權等價值的轉型工程，將是此任政府刻不容緩的政治承諾，也應是全民共同檢視其施政作為的一項重要指標。

作者簡介

陳俊宏，東吳大學政治系副教授。曾經在美國芝加哥大學及英國倫敦政經學院就讀，在倫敦政經學院政府系取得博士學位。長期投入台灣人權運動並參與許多非政府組織的運作。曾經擔任台灣民間真相與和解促進會理事長、台灣人權促進會副會長，現在擔任台灣民間真相與和解促進會監事、民間公民與法治教育基金會董事、台灣守護民主平台理事。

政治不能只有眼前路，而沒有身後身

葉浩

王家衛的《一代宗師》影片之中，挑戰葉問取勝的宮二曾對前者說：「拳不能只有眼前路，而沒有身後身。」隨著劇中情節的展開，「眼前路」與「身後身」指涉的不僅是拳路的區別，也說明了兩人的人生態度與際遇。身為八卦形意門宗師宮寶森獨女的宮二，也是宮家六十四手的唯一傳人，為了替父親報仇而推掉婚事、入道，終身不嫁不授徒。戰後隻身來到香港開設武館的葉問，則因為局勢而使得與妻子張永成的暫別竟成了天人永隔。身後身不只是宮家拳法的特色，也是最終未能在武學上「見自己」、「見天地」之後，走上「見眾生」的境界。妻子過世之後輕嘆一聲「從此只剩下眼前路」的葉問，卻得以將詠春發揚光大，成為一代宗師。

事實上，「眼前路／身後身」的隱喻也可用在政治的理論以及實踐之上。例如，以美國外交政策為代表也是國民黨政府所奉行的「新自由主義」（neo-liberalism），是一種專注於眼前路的意識形態，認定人們的行為動機在於獲得眼前或未來的利益，從而主張經貿的結合可以促進兩個國家的關係穩定，或者創造和平；換言之，過去的敵對都可因為著眼雙贏的未來而暫時擱置，甚至於得到化解。與之相反、著重歷史因素的理論與實踐則可見於諸多涉及所謂「回溯正義」（restorative justice）的理論與實踐。倡議者強調人們的行為動機不僅看重眼前或未來，也在意歷史的不義事件，追求冤案的平反，或恢復過往遭受不當待遇的受害者之「應得」——亦即「正義」，其最古老的定義乃「給予每個人所應得的部分」，無論是資格、金錢或對待方式。

近年來經常出現於大眾媒體與公民論壇的「轉型正義」（transitional justice），本質上是一種著重於身後身的政治理論。該詞廣義上泛指政權轉移之後，新任政府處理前朝政府所遺留下來的歷史問題之方式，目的可以是清算舊政府的不義，也可以在於補償舊政府時代的政治受害者，甚至是復辟。狹義上而言，轉型正義則指涉政體在民主轉型之後，處理舊政府蹂躪人權等事的各種應對措施，旨在落實司法正義，以司法途徑為主，但經常礙於政治現實而在目的與作法上有所妥協。廣義上的轉型正義經驗，可回溯至古希臘時期，民主雅典曾經有兩次對於短暫獨裁政權領導人與其黨羽的處罰，而狹義轉型正義案例的出現，則主要發生於二次世界大戰之後，當今尤指所謂的第三波民主化國家的轉型經驗——葡萄牙獨裁政府於一九七四年的垮台之後，南歐、亞洲、拉丁美洲與東歐等地許多威權政體相繼瓦解，轉型民主國家，必須妥善處理威權遺緒，而兼顧民主鞏固與落實法治精神的經驗。

就實踐上而言，新興民主國家處理威權遺緒的方式主要有底下兩種：①起訴、調查與審判加害者，例如阿根廷所成立的「全國失蹤者委員會」和「真相審判」旨在於此，基本上是國際上轉型正義實踐的主流，東歐前共產國家也幾乎都採取了嚴懲參與威權時期迫害人權的相關人員之作法，包括統一後的德國；②尋求加害者與被害者之間的和解，南非所成立的「真相及和解委員會」乃循此一路線運作，是國際上公認的和解模式典範。除了上述的「嚴懲」與「和解」兩種類型之外，相關文獻也經常討論到西班牙的特殊冷處理方式。佛朗哥獨裁政權垮台之後，民主與保守勢力為了讓國家能夠轉型順利而簽訂「遺忘契約」，是為轉型正義的特例。不過，必須指出的是，近幾年來西班牙內部要求正視過往以及重新檢視集體記義的呼聲愈來愈高，「遺忘」作為一種回應歷史不義的作法已逐漸不容於世。

進一步分析上述的三種類型，雖然轉型正義旨在落實回溯正義，但必須理解為試圖兼顧身後身與眼前路的政治實踐。司法性質的「嚴懲」模式需要新政府有足夠的政治決心，即使動搖國本也決心要貫徹清除威權體制遺毒的意志，同時也必須有人民對於民主理念與正義價值的高度支持——亦即全國上下對於身後身的正視，以及不讓其遮蔽眼前路的決心，意圖讓法治能夠落地生根於民主淨土之上。「和解」模式性質上是一種政治策略，或說是一種避免保守勢力反撲，不讓國家陷入動盪的妥協方式。根據南非的經驗，崇尚原諒的宗教信仰似乎也是個成功的必要條件——換言之，「原諒」的文化元素正是南非得以採取「真相換取特赦」的另一種身後身。至於文獻上一度被視為轉型正義模式之一的「遺忘」策略，雖然表面上看似僅僅在意眼前路，但實際上卻只有雙方深知巨大的威權體制身影依然矗立於後，才會作出如此的選擇；就此而言，遺忘，為的是將目光聚焦在眼前路上威權陰影所不能籠罩之處的民主曙光。

轉型正義作為一種政治實踐，無論倡議者採取哪一種模式，都知道政治不能只有眼前路，而沒有身後身。當然，新興民主社會背後的那個黨國身影，最常呼籲人們的就是「遺忘過去，面向未來」，而最願意如此相信的也往往就是那些還沒來得及轉身的人——他們是一群面向過去、倒著走在民主的路上的順民！他們相信政治的意義在於拼經濟，民主國家與非民主國家的經貿結合會帶來和平。他們也會控訴提起威權過去的是阻礙經濟發展的政治狂熱份子，同時認為歷史課本必須按照自己所相信的來改寫，才是政治中立。

轉型正義最困難之處其實不在於制度的轉型，而是價值觀念的翻轉。

作者簡介

葉浩，英國愛丁堡大學畢業，主修哲學，倫敦政經學院政治博士，目前為台灣守護民主平台理事並任教於政治大學政治系。研究領域包括轉型正義、自由主義政治哲學與國際關係理論，論文發表於《政治與社會哲學評論》、《台灣政治學刊》。

5

第五節

邁向共生

二二八未來式

紀念二二八終究不是為了深化仇恨、製造對立，走向和解與共生是大家心中共同的期望。但是和解不等於鄉愿，如何共生也應當設下條件。當雙手沾滿鮮血的加害者，被以微笑的姿態鑄成銅像，遍布全台；當總統一面矯作地年年到二二八紀念活動上道歉，又一面誠摯地年年到加害者的陵寢前悼謁；當我們的文化官僚仍然將二二八以後的白色恐怖責任，推給一個大江大海的大時代結構時，我們實在沒有理由為加害者說情，也沒有理由要求受害者寬恕。

然而，在現下的臺灣社會，要求受害者「走出悲情」的論調不絕於耳，在乎歷史、要求究責的人士，總被質問「為什麼還要再挑起仇恨」。這種論調的存在，恰好證明了臺灣人民對於歷史的反省與正義的思考，仍然未臻成熟。即使是在日常生活間，我們對於犯錯者的要求，也都是道歉、賠償，並以行動證明不會再犯。從沒聽說犯錯者在道歉之時，可以反過來要求受害者必須原諒。何以當犯錯者變成一個國家、政黨、元首的時候，我們的論調就忽然轉彎？

如果做錯事情的人還可以要求受害者必須原諒的話，那它們的道歉，究竟是真心的懺悔，還是另一種脅迫—— 一種強制取得原諒的脅迫？這個問題值得我們再三省思。

當然，釐清加害者的身份、罪行，與責任，還只是第一步。臺灣社會還應當思考，如何把這種道德的問題，落實到法律與教育的層次。法律方面，我們應當探討如何向受害者賠償、向加害者究責，並且設下律法，防止同樣的事件再度發生；教育方面則應思索學校課堂之外，傷痕歷史與人權觀念如何以生活化的方式和我們的下一代互動，讓他們在接觸二二八歷史的時候，能夠形成自己的價值思辨。在這些方面，如果我們沒有具體作為，那麼所有的道歉與紀念，都只是空口白話，臺灣社會將不會從傷痛的過去裡記取教訓。

在這個部分裡，共收錄四篇文章。

前兩篇皆由歷史學者執筆，討論清算過去的原則性問題。陳君愷〈地獄不空，誓不成佛！〉一文指出，過去的二二八論述，對於加害者的縱容與受害者的忽視，使得臺灣社會的共生無法實現。他並在過去與未來的思辨當中，發現轉型正義的未完成，導致了過去的惡不斷向我們的未來延伸。切割過去只看未來，各種不公不義的事件還是會繼續發生；薛化元的〈歷史檢討與共生〉認為二二八遺留的歷史課題在於歷史責任的釐清與歷史教訓的記取。責任的未釐清、元兇的未追究，致使事件被簡化為族群衝突，正是造成現今部分族群對立的原因；如何深化民主，避免臺灣再次被併入外來的專制政權之中，則是記取歷史教訓的要義。

後兩篇則從教育與法律的角度出發。羅士哲的〈和孩子談談政治吧〉從教育層面著手，以輕鬆幽默的筆調，分享他在 2013 年與一群中小學生研究二二八的經驗。透過漫畫、文學、電影等文本，配合實地走訪，羅士哲以開放的態度，讓孩子們在閱讀、體驗各種既往論述與遺跡之後，建構起屬於自己的歷史記憶，也同時認識了大人們所避談的「政治」；西區老二的〈二二八「法外情」〉則著眼於法律，指出日本政府與中國政府的法律雖然同樣源自德國，中國卻在「中體西用」的文化概念下，與深受日本影響的臺灣人產生了法律認知的斷裂——這種斷裂正是造成二二八的主因。因此「法律文化因素」的檢討成為轉型正義中不可或缺的環節。

未來我們要怎麼走？要用什麼態度面對過去？這還有待全民一起回答。但相信他們的建議與分享，會是很好的參考指南。我們將在歷史的茫茫大霧之中，很快找到共生的方向。

（2014 二二八共生音樂節工作小組　陳令洋）

地獄不空，誓不成佛！

陳君愷

一九四七年爆發的二二八事件，長年以來，被視為政治禁忌，不准碰觸、禁止言說。然而，經過了數十年，在民間有志者的不斷努力下，終於從一九九〇年代初，才逐漸開始平反。如今，我們已經有了研究報告、有了賠償條例、有了名譽回復、有了大大小小的紀念碑……，似乎可以為這段曾經塵封多年的歷史，畫下休止符了。

於是，許多人總是要受害者及其家屬「走出悲情」。

然而，當「悲情」的前因後果都尚未釐清、當事實依舊繚繞在迷霧之中，要如何讓人能「走」得「出」來？

對受害者及其家屬而言，再明顯不過的事實是：丈夫一去不回、兄弟陳屍在荒郊野外、爸爸成為一具冰冷的屍體……。這些殘酷的事實如此清晰，但導致它的「前因」既未明朗，卻要受害者及其家屬長年承受此一「後果」的煎熬，真是情何以堪、卻又豈有此理！

不僅如此，有些人還呼籲：受害者及其家屬，應該要原諒「加害者」。但問題是：誰是「加害者」？當加害者都還在五里霧中、當這些所謂應該被原諒的對象都還曖昧不明時，到底要受害者及其家屬去原諒「誰」？是逮捕人的特務？槍殺人的士兵？下令的情治首長？構陷的鄰人？公報私仇的官員？恣意亂判的法官？是林頂立、張慕陶、彭孟緝、柯遠芬、陳儀、蔣介石？還是國民黨？

有人更強烈主張：期待受害者及其家屬能夠寬恕、原諒的原因，是為了社會的團結、和諧著想；畢竟我們都還住在一起，應該邁向「共生」。

然而，這真的是「共生」嗎？倘若加害者總是能逃脫法網，既可以不必得到惡報，甚至連懺悔都不必，這難道不是在鼓勵犯罪、破壞獎善懲惡的基本社會道德嗎？在和諧的表象底下，隱含著被壓抑的衝突，如此薰蕕同器，「共生」的基礎何在？

在生物學上，所謂的「互利共生」，是甲方與乙方互相依存、同時受惠；但倘若只有乙方吸取甲方的養分，卻造成甲方生命的痛苦與流失，又如何能算是「共生」呢？

為此，我們必須嚴正指出：這是「寄生」，不是「共生」！

我們相信：為了邁向「共生」，只有還原事實，才有對象可以原諒，也才有正義可言；而只有正義能夠獲得伸張，社會的團結、和諧，才有可能真正達成！

所以，我們並非拒絕和解，也願意選擇原諒。但由此衍生的新問題是：究竟什麼是「選擇」？

我們都知道：在買東西的時候，要貨比三家；詳細比較價格、功能，並評估自己的需求。所以，當我們要做選擇、而且不是盲目的選擇(或被迫選擇)時，必須給我們清楚的資訊，以做為判斷的依據，而得以正確地選擇。

因此，只有還原事實，才可能擁有選擇原諒的條件；至於原諒的前提，則必須來自加害者真誠的悔悟。

但加害者悔悟了嗎？沒有。加害者既未曾悔悟，更毫無真誠可言。

於是，有人又說：往者已矣，不要被過去綑綁，要學會放下，面對美好的未來。

但我們不要忘了：歷史是延續的，文化是傳承的。

回顧過去、解決過去所遺留下來的問題，不正是為了瞻望未來、並規畫未來要走的道路嗎？

其實，如果人類不從歷史中獲得教訓，就無法遏止過去的惡行不再發生。現在，那些導致二二八事件爆發的文化行為模式，還在繼續運作。那些加害者及其附從，仍然逍遙自在；甚至，他們的後繼者，還在繼承與運用那些從誘騙、屠殺、壓制、洗腦所得來的遺產，繼續為惡！

如果我們不去徹底解決過去的「惡」，就無法讓我們創造嶄新的「善」，反而是讓過去為惡的人，得以在過去所造就的惡業下，繼續不斷重複過去的惡行。遺忘過去的不幸，不去追究，就是讓製造人民不幸的加害者及其後繼者，繼續公然囂張，私下竊笑。如此一來，獎善懲惡的社會基本運作模式，就不可能存在！

質言之，那些希望受害者及其家屬放下過去、寬恕罪人、忘記仇恨、面對未來……的言論，追根究柢，不過是狡獪的加害者及其附從、後繼者，為了從罪過與責任裡脫身的反動修辭而已！

當然，我們的確是應該「以慈悲心化解仇恨」的。

但宗教不應該是「人民的鴉片」。在慈悲的背後，必須擁有高度的智慧。而追求歷史真相、實行轉型正義，究竟是癡頑眾生的「貪念執著」？還是地藏菩薩的「發願」？

洪仲丘在軍中遭虐死、苗栗大埔民宅橫遭強拆、關廠工人流離失所……這些擺在眼前的、血淋淋的事實，不禁讓人要問：二二八事件真的離我們很遙遠嗎？

如今，許多法官依然不憑證據、歪曲事實、恣意心證；端的是恐龍法官橫行於世，判決書逍遙法外。於是，包庇、縱放體系，依舊如同中正紀念堂一般，屹立不搖。

回顧歷史，二二八事件之所以發生，不正是在一九四七年二月二十七日晚間，延平路上的臺灣人民，因擔憂槍殺人命的私菸查緝員會得到包庇、縱放，以致群情激憤、要求懲兇的嗎？如今，各種包庇、縱放依然故我，並未獲得完整、徹底的解決。

於是，在面對今天當權者層出不窮的種種惡行時，我們依舊如同延平路上的臺灣人民一般。我們因為有愛，所以對不公不義的事感到憤怒；因為憤怒，所以抗議；因為抗議，所以遭到殘酷的鎮壓。今天，那些為聲援土地正義而遭到起訴的人們，難道不是再度上演二二八事件時的悲劇嗎？

因此，二二八事件絕對不是過去式，它還是現在進行式！只是，它會以更漂亮的包裝、更軟性的形式出現。如果不徹底改變這種包庇、縱放體系，它必然還會成為未來式！

「以慈悲心化解仇恨」的真義，就是要致力於不再讓這些悲劇發生，就是試圖要徹底消除那些會讓這些悲劇再度重演的因素。在「同體大悲」的感同身受下，受害者及其家屬的悲傷，不就正是我們的悲傷嗎？而追求歷史真相、實行轉型正義，也就成為希望未來能更為美好的我們，責無旁貸的義務！

所以，「地獄不空，誓不成佛」！在臺灣現今依舊「百鬼夜行」的人間地獄裡，只有清空地獄，才能真正成就佛陀所許諾的人間淨土！

作者簡介

陳君愷，臺北市北投人，臺灣師範大學歷史研究所博士，現任輔仁大學歷史學系教授。著有《日治時期臺灣醫生社會地位之研究》、《臺灣「民主文化」發展史研究》、《狂飆的年代——1920年代台灣的政治、社會與文化運動》、《解碼228——解開二二八事件處理大綱的歷史謎團》等書，以及臺灣史、中國史論文三十餘篇。

歷史檢討與共生

薛化元

二〇一四年二二八共生音樂節，是由二二八關懷總會、台灣北社、台灣教授協會、二二八共生音樂節工作小組等社團合辦的活動，但是在實質上，則主要是由學生團體自主推動。就共生音樂節的內涵而言，主辦單位揭示了兩個重要的意義：一方面是代表著在台灣島上成長的住民，可以有共同的歷史記憶，另一方面對未來可以有共同的想像。總召集人林楷翔這樣的主張，在台灣現實的歷史脈絡中，有一定的基礎，也有相當的問題要克服。

基本上，台灣島上的住民無論是二次大戰之前就住在本台灣島上的台灣人，或者是一九四九年以後來台灣的新住民，已經歷經了超過六十年的共同歷史經驗。不過，由於過去的歷史經驗傳承有相當歧異，導致於台灣島上住民對於歷史的記憶也出現了歧異，這個歧異的存在對於台灣整體命運共同體的形成有相當大的傷害，其中有關於二二八事件的記憶或是歷史評價問題，無疑是重大的一環。在某種意義上，此一問題與歷史的檢討有密切關係。換言之，歷經從強人威權體制往自由化、民主化改革的歷程後，歷史的檢討相對不足，也影響了共同未來的形塑，二二八事件是其中重要的一環。今年的共生音樂節以「毋通袂記：一九四七島國的傷痕」為題，記憶傷痛，然後向下一代人傳述這樣的重要內涵。而透過不同記憶的喚起、交流，在歷史事實上建構、發現共同經驗，也是共感形成的重要途徑。

那麼，二二八事件遺留的主要歷史課題究竟為何？就此而言，有兩個重要的課題：一個是歷史責任的釐清，另一個則是歷史教訓的記取。

在一九八〇年代在野及民間力量逐漸抬頭，要求正視、釐清二二八事件的努力不斷，呼聲日高，李登輝總統任內也正面回應此一要求。官方繼民間之後也投入二二八事件的研究，二二八事件相關檔案逐漸出土，一九九五年李登輝總統公開對此一事件道歉，對受難者（家屬）的「賠償」（先是補償）、撫慰工作相繼展開。這一段歷程正見證了台灣朝向自由化、民主化改革的發展。而代表政府向受難者道歉，後任的陳水扁總統、馬英九總統也都是持續表態。或許有的國人認為，相關檔案已經陸續開放，政府對二二八事件受難者（家屬）也「賠償」撫慰，此事應告一段落。這使得二二八事件的紀念活動「儀式化」有餘，反省卻告不足。

由於事件的歷史責任問題始終沒有釐清，特別是當年大肆以國家暴力壓制人民，造成一個世代台灣菁英和大量平民的死亡、噤聲、扭曲、流亡，最終責任的追究尚未完成。在欠缺深入檢討的狀況下，二二八事件的悲劇不僅未能發揮其應有的歷史殷鑑作用，統治者濫用國家暴力，侵害人權的事件，在歷史責任未能究明的情況下，也常被簡化為族群衝突，甚至成為撕裂台灣內部「連帶感」，造成部分族群對立的原因。縱使不談人物的歷史責任，一九四七年「以黨領政」，建構「訓政體制」實質領導國民政府的國民黨的歷史責任，也沒有釐清。二二八事件受難者家屬、學者在顧立雄律師協助下，向法院控告國民黨，也在法院認定國民黨沒有實質指揮國家公權力而無法究責。但是根據「訓政時期約法」和整個訓政體制的制度規定，國家機器的運作，是根據國民黨黨治在運作，無論是行政、立法、司法、考試、監察，全部都要對國民黨負責。反過來說，這個國家機器的運作，都是根據國民黨中央的決議來運作。二二八事件，根據歷任元首道歉來看，就是政府要負責任，所以他代表政府道歉。但是在體制上，一九四七年政府有一個大老闆——國民黨中央——所以，如果這件事情發生政策的錯誤，要有人負責，要有人賠償，那就不只是政府的事情，國民黨當然牽涉在內。國家領導人有責任，國民黨的領導人更是責無旁貸，雖然當時蔣介石一人兼任這兩個職位。

對此，二〇〇七年二二八事件前夕由台灣智庫委託做的一份民意測驗結果，指出了解決的曙光。當時的民調指出：對於紀念二二八事件，同時追究蔣介石的責任的話，有相當比例的泛藍支持者認為，族群對立的狀況反而可以減輕。就此而言，主張統治者與相關的政府首長必須負擔應有的歷史責任，是歷史檢討重要的一環。至於現在所謂「外省人」的新住民，絕大多數在二二八事件悲劇發生時，或尚未出生，或者尚未來台，或者未有權柄，絕大多數根本與此一悲劇的造成，並沒有關係（隨著時間流逝，很快會成為絕無僅有），自無必要將此事做為「原罪」，憂心歷史清算。

而在檢討國家領導人和實際領導國家機器的政黨責任之外，當時的歷史結構問題，也是相當重要的。就政治結構而言，乃是所謂「訓政」非民主體制下，統治者濫用國家權力，形式「合法」要件都欠缺的侵害人權事件。同時它也是外來統治者採取鎮壓本土菁英（當然包括政治異議者），強化統治基礎的作為。

至於在社會、文化層面上，它則是中國大陸與台灣兩個不同社會、文化（價值）摩擦、衝突的結果。而經過六十多年共同生活在這塊土地的事實，無論是原本的台灣人或新住民，都是台灣的住民，也是台灣政治、社會、文化的共同擁有者，也都是中華人民共和國所謂的「台胞」。

這種共同感的形成，在某種意義上一九四九年第一代新住民逃離中國時，便埋下種子。之前當二〇一一年中華人民共和國透過香港特區政府要在中國推動所謂公民教育之時，引起了香港人特別是知識菁英的反抗。當時的臉書流傳一句話，當年我從中國逃到香港就是為了不要被（中國）共產黨統治。在此前後，歷史學界的一位長輩也告訴我，當年新住民的長輩逃到台灣來，就是不想被中國共產黨（中華人民共和國）統治。在某種意義上，這也是台灣命運共同體形成的要素之一。

總之，無論是原本的台灣人或是新住民，作為台灣住民在台灣禍福與共，有共同的歷史經驗，也是臺灣既有成就的共同締造者。如何在歷史共同經驗上，建構彼此連帶的命運共同體，便是重要的課題。而如何避免二二八事件悲劇的重演，也是台灣住民的共同利益。就此而言，在台灣已經自由化、民主化的今天，人民可自己做自己的主人，如何將得來不易的民主憲政體制，並進一步深化，也應該共同努力不被併入專制不尊重人權的國家中，不再次被專制、不尊重自由人權的外來政權統治併吞，或許是我們記取二二八事件經驗，應該共同面對的課題。

作者簡介

薛化元，台灣彰化縣人，國立台灣大學歷史研究所博士。現職為國立政治大學臺灣史研究所教授兼所長．歷史系合聘教授、國立政治大學人權史研究中心主任、國立政治大學雷震研究中心主任。並曾任國立政治大學歷史系教授兼主任、台灣歷史學會理事長，及台灣教授協會秘書長。

二二八「法外情」

西區老二

從「治警事件」到「美麗島事件」

一九四七年二二八事件前後，在日本與中國國民黨政權分別統治台灣二十餘載後的一九二〇及一九七〇年代，台灣社會各發生了兩起遭到當局鎮壓的政治改革運動，「治警事件」與「美麗島事件」。兩者的主要目標都是反對專制統治、爭取台灣人政治參與的平等，手段上皆援引憲法上的基本權利如請願、集會、言論等方式進行「體制內」和平非暴力的法律抗爭。下場雖然均是遭受取締及逮捕，但「規格」明顯不同，前者被視為違反社會秩序的治安案件，依「治安警察法」訴追，被告中最重獲判有期徒刑四個月；後者則被視為意圖顛覆政府的叛亂案件，依「懲治叛亂條例」審判，被告中最重獲判無期徒刑。

兩者最重要的共同點是，檢辯攻防陳述的內容凸顯出它們本質上都不是一般的司法案件，而是一種「政治案件」，因此，在其審理過程都透過媒體曝光之後，「受難者」成為許多民眾心目中為爭取人民權利、反抗政府權威而犧牲的「烈士」，也鼓舞了台灣人參與政治的熱情及社會能量。

可是，各位觀眾，看到這裡有沒有感覺到一股淡淡的哀傷？半世紀過去，這個島國的人民還在做同樣的事情——抱著同樣的希望，面臨同樣的挫折，帶著同樣的熱情，受到同樣的傷害……甚至還「倒退嚕」，羅織的罪名更大，壓制的刑罰更重……為什麼？

彷彿李臨秋寫的歌詞，每一個試圖探索與了解殘缺不全的台灣歷史的人，很難沒有「見著網，目眶紅，破佮這大孔」的心情；戰後初期發生的二二八事件的歷史地位，正微妙地處於這樣的命運輪迴的分水嶺上。當我們看見被認為是二二八諸多起因之一的族群衝突、官逼民反等研究結論，也許可以進一步思考，這樣的族群和官民關係是如何形成的？是什麼造成了族群的縫隙和官民的鴻溝，非要以流血和生命來填補卻更為撕裂？因此，對於二二八事件的「抓漏」，無疑是在為台灣歷史「補破網」的工作上，最重要的一塊拼圖。

二二八事件的「法」與「情」

讓我們用「想像力就是超能力」穿越時空，回到二二八歷史現場，當時的台灣人在想什麼？無論是依循日治時期政治反抗經驗採取和平請願、提出三十二條要求的二二八處委會，或是延續清代抗官傳統進行武裝反抗者的訴求，都已不再是訴諸「弔民伐罪、天命所歸」的前近代東方式改朝換代自立為王的抗爭模式，而是主張依「憲」選舉、住民自治、平等參政等具有權利意識的現代性法律文明思維。

然而，面對陳儀政府在台施政的失敗，來自中國的國民黨與台灣人民之間觀點上的衝突明顯表現在幾個方面：一、台灣人的「日本經驗」被國民黨視之為奴化；二、台灣人的立憲主義思想被國民黨視為台獨主張；三、台灣人的政治改革訴求被國民黨視為「以臺治臺」之觀念；以上文化思想上的差異，遂使政治對話逐漸成為不可能，因此二二八事件這場所謂政治反抗運動，其實是法律素養與文化經驗之間的衝突。

學者王泰升曾經提出台灣法的「斷裂」與「連續」來說明，一九四五年兩個政權的交替，雖帶來日本法及中國法兩個不同法體制間的「斷裂」，但在法規範的實質內容上，仍都是從西方尤其是德國「進口」的西方式法學，而在台灣社會佔大多數擁有日治法律經驗的人民，也繼續依其已熟悉的西方化法律生活習慣及觀念，在新的法體制下試圖實踐他們的權利。而從另一個角度來看，即使中國統治者把他們「抄襲」自西方的成文法典移植到台灣社會，使得法規範在外觀上呈現與日治時期相仿的「連續」性，但在統治者「中體西用」的指導原則下，卻產生了一種「說一套、做一套」的內在法律精神的「斷裂」（簡稱法律精神分裂症？）以及中國經驗和日本經驗這兩個不同歷史條件在台灣擦撞出來的「斷裂」。這是二二八發生的重要背景，顯示為二二八事件中，不但有制度上的「法律因素」，更有作為制度運作主體的「人群」之間，彼此差異的「法律文化因素」，簡單來說，文化，是特定群體生活方式的總稱；法律文化，則是法律權利在群體生活中被實踐與想像的方式，也就是形式法之外作為指引法律主體行動認知的「法外情」。若不由此觀之，我們恐怕難以理解為何台灣知識份子像過去一樣行使「憲法」所承認的合法權利，竟遭受意想不到的血腥對待。

二二八的「現在式」與「未來式」

歷史從來不是過去式。當我們發現蔣渭水如果還活著，他的街頭演講仍會被舉牌三次強制驅散；如果莫那魯道還活著，他還會聽到有人說要「把你們當人看，好好把你教育」，他能對這樣的「文明」卑躬屈膝嗎？蔣渭水和莫那魯道都不是「抗日」英雄，正如所謂黃花崗七十二烈士也不是「抗滿」英雄，他們執筆、揮刀、鳴槍所抵抗的，都是不合理的法律，和侮蔑侵蝕他們文化生活的法律暴力。

「人們自己創造自己的歷史，但是他們並不是隨心所欲地創造，並不是在他們自己選定的條件下創造，而是在直接碰到的、既定的、從過去承繼下來的條件下創造。」馬克思這麼說。當不合理的法律仍在，野蠻而不尊重歷史文化的傲慢法律暴力仍在（看看那「精美」的高中歷史課綱「微調」吧），二二八在法律上的意義，絕不僅止於表面上的道歉及金錢上的「補償」，我們要的「真相」也不僅僅是一種去脈絡的描述與死傷統計數字。

真正的賠償與真相是，重建一整個世代的集體噤聲與失憶，以及遺傳至今的對於批判思考的茫然與疏離。二二八研究之重要性，不但在於真相與責任歸屬的釐清，是進行轉型正義不可或缺的條件，認識事件中的「法外情」，即是認清殖民歷史的手段與邏輯，以及在社會條件跟外在制度、內在的文化認知跟歷史發展，是如何造成兩群體間「世界上最遙遠的距離」，進而當對於未來的關鍵抉擇又以精巧的誘惑橫亙在我們眼前時，我們有沒有足夠的智慧，找到我們想要的幸福。

作者簡介

西區老二，一個資深系統工程師，半路出家主修法律史，也是新進詞曲創作人；台大法律系學士、準碩士，表面上的組別是基礎法學，實際上雙主修「字耕農」組。詞筆帶有詩意，擅長以詩的文字解剖社會脈絡，使好人興奮、壞人羞恥，這種既興奮又羞恥的感覺，我國大法官謂之「猥褻」，故素有「猥褻詩人」之稱。曾獲台大文學獎、宗教文學獎等。

和孩子談談政治吧

羅士哲

在兒童教育的課堂裡，有兩大禁忌話題。一個是性，一個是政治。所有老師都知道這是兩條踩不得的紅線，踩了就要有繃緊神經面對「客訴」的心理準備。這條紅線其實是爸媽與老師的共謀，這共謀有諸多好聽的理由：年紀太小、話題敏感、無關教育⋯⋯。但這些理由卻未必經得起檢驗：年紀太小，那該多大才算數？無關教育，與人生重大相關的兩大領域不教，那教育該教些什麼？話題敏感，那不如說是大人還沒做好準備。可怕的是，遠在開始做準備之前，在大人們還用鴕鳥心態逃避性與政治的話題之時，性與政治的明示暗示，卻早就溜進了孩子的世界。

你是否曾指著兩腿張開坐在地上玩沙的女兒，說這樣沒有「查某囡仔款」？在貼心的女兒和好動的兒子之間，你是否有所偏愛？性不用口語說出來，就已在舉手投足之間。當小孩指著一個裸露的女體（廣告或卡通中）大罵噁心時，你做出什麼反應？當小孩玩著「ㄋㄟㄋㄟ碰碰，雞雞哦哦」之類的遊戲時，你會怎麼做？制止？用什麼理由制止？別以為關上電視可以關上孩子的眼睛，這條紅線劃得越明顯，孩子的無知和反叛就越強烈。在大人把頭埋起來的時候，性早就是孩子們生活的主要成份。

政治也是。如果你認為政治與小孩無關，那是因為從一開始你就在腦袋裡把小孩跟社會隔離了。小孩應該待在學校裡，讀好課本考好試，以後做個乖乖巧巧的好國民。這肯定不是在想像一個民主社會的公民該受的教育，而是一個封建社會中的順民臣子。小孩不只是小孩，他們和我們共處一個社會，面臨著共同的困境。他們是公民，至少準備要成為公民。而公民的眼睛不能只看見課本和課桌椅，得看出校門外，看見自己處身之處，自己的來歷。

二〇一三年，我在新竹與一群高年級與國中的「中孩」（他們自稱的），一同研究了二二八的歷史。其實，這個年紀的孩子，能理解與討論的，比大人們以為的要多太多。

我們從這套漫畫開始：林莉菁小姐畫的《我的青春，我的Formosa》。這套漫畫講的是在戒嚴時期長大的作者，從國小到大學，成長以及思想轉變的過程。這種個人史的書寫，觸動了中孩們許多共通的經驗，像是他們跟作者一樣被禁止看漫畫。而作者在戒嚴時期特有的經歷，也把中孩們帶進了疑問之中。他們很喜歡漫畫封面上的圖：一條舌頭，前端被縫上了一個台灣國旗。語言的能力被取消了，歷史也被掩蓋起來。作者在描寫自己「覺醒」的段落中，畫出一座蔣介石的銅像，銅像底下，竟然是滿滿的都是二二八屠殺和白色恐怖受害者的相片。這個沉重的覺醒觸動了中孩們。一個中孩就疑惑的問：「為什麼政府要隱瞞這些事情呢？」這成了我們往後幾堂課的主軸。

下一堂課，我嘗試把媒體識讀與二二八的歷史結合，讓中孩們讀幾份二二八相關的報導和書寫。我把當時的歷史大脈絡，包括二次大戰結束，以及國民黨來台的過程簡單講述了一次，並區分出五種角色：日本人，台灣人，美國人，共產黨，國民黨。接著，我挑選出四篇文章，分別選自吳濁流先生的「台灣連翹」，以及二二八事發當時中共，美國，以及國民黨書寫的報導。我先請中孩們分辨這四篇文章，分別是什麼人寫的。再從三個角度幫助他們分析報導：①文章如何稱呼二二八事件？②事發的理由為何？③加害者是誰？受害者又是誰？

這種「猜測」的遊戲，對中孩們來說還挺有意思的，在分析的過程中，歷史的複雜面貌就慢慢呈現出來了。國民黨把二二八稱為「暴動」，有中孩還說，整篇文章看起來，更適合的詞是「造反」。但美國則稱為「屠殺」，而中共則說是台灣人「起義」！原因則更是眾說紛紜。吳濁流的文章中說是取締私菸，就像課本上寫的一樣，美國人則說是「毫無理由的屠殺」。在國民黨的報導中，卻出現了一個絕無僅有的理由：台灣人受日本人毒化。中孩們讀到這句都笑了出來，到底是什麼毒化，怎麼毒化啊？從這個說法看起來，更弔詭的是，難道二二八事件的加害者是日本人？是日本人導致了二二八事件發生？這每一篇文章都呈現出二二八不同的面貌，何者更接近真相？我沒有給出答案。我和中孩們一同朗誦向陽先生的名詩「一首被撕裂的詩」，詩中許多字句以□取代，象徵著撕裂與隱瞞。我們一同把詩中的□填上，呈現出每個人眼中不同的歷史。

往後幾堂課，我們談了隱瞞的原因，看了「天馬茶房」這部電影，其中有許多精彩的討論。從前，我曾和中孩們一同進入新竹的忠貞新村，從眷村老人的口中瞭解「偉大的蔣公」，和抗日的歷史。這些經驗與現在讀到的二二八歷史，產生了許多的衝突：外省人是屠殺者或另一群受害者？日本人真的十惡不赦？蔣介石是偉人或是殺人魔？最後，我和中孩們一起走進新竹的巷弄，探訪「新竹的二二八」。二二八不是發生在大稻埕，而是全國性的動員。我讓中孩們閱讀《新竹風城二二八》中的口述史，找出新竹的幾個關鍵地點。我們來到旭橋，今天中央路的「成功橋」。當年，在這裡，國民黨軍隊在卡車上開槍掃射圍觀民眾。我們又去到新竹憲兵隊，也就是現在的玻工館，當初，這裡曾是拷問人犯的場所。我們還在尋找「中華興商場」的過程中，遇見了新竹在地的文史工作者，與我們分享他所知道的資訊。在這每一個地點，我們用自己的身體，演出我們認為在這裡發生的事情。我們像屍體一樣躺在旭橋底下，旁邊有人扮演士兵射殺。我們假裝用鐵鍊穿過手掌，在巷弄中前行。這些事情不是做戲或玩笑，而是活生生的歷史。

這些，算是「政治」嗎？一群高年級到國中的中孩，能懂得政治嗎？當然可以，而且不比你我來得差。

在這幾堂課裡，我希望帶給孩子的不只是知識，而是思考與體會。關於二二八，孩子們可以不必侷限於大稻埕的槍響。他們可以在各種說法中學會批判思考，可以在詩詞中看見歷史的遺緒，可以在電影和漫畫中看見小人物在大時代中的身影，還可以在巷弄中，在田野調查中，學會與人溝通的能力，用身體演出歷史。這不是一堂「政治課」，而是一堂不避談政治的綜合課程，培養著我認為一個公民需要具備的能力。

高中歷史課綱就要「微調」了，其中台灣史的部份要被大幅修正百分之三十六．四。請不要再認為教育與政治無關了，教育的內容，就是政治角力的後果。在教育場域中避談政治，不是什麼客觀中立，而是把歷史與社會的詮釋權拱手讓人（避談性也是一樣）。開始和你的孩子與學生談談所謂的政治吧，談談那些在教室與家門之外的爭議事件。和他們一起想想這些對我們而言也有點陌生的問題：我們是誰？身處在哪裡？憑甚麼過這樣的生活？和我在同一片土地上的人們，過得好嗎？這塊土地該走向什麼樣的未來？

還有最重要的：我們能作些什麼？

作者簡介

我是羅士哲，在台南從事教育工作，除了英文以外什麼都教。工作和在臉書上閒晃以外的時間，多半出現在漫畫店，或在窮鄉僻壤蒐集鄉野故事。最喜歡的歌手是陳昇，最喜歡的女星是安心亞，最喜歡的漫畫是JOJO冒險野郎。纖細高挑，風流倜儻，若需要我為您服務，請上臉書搜尋「羅士哲」。

國家圖書館出版品預行編目（CIP）資料

毋通袂記：1947 島國的傷痕：二二八共生音樂節活動手冊. 2014 / 吳易蓁等作；共生音樂節工作小組編. -- 初版 . -- 臺北市 : 前衛 , 2014.02
128 面；14.8×21 公分
ISBN 978-957-801-738-2（平裝）

1. 二二八事件 2. 文集

863.57　　102023739

毋通袂記：1947 島國的傷痕
2014 二二八共生音樂節活動手冊

編者　2014 二二八共生音樂節工作小組
作者　西區老二、吳易蓁、林秀玲、面燃生、陳君愷、陳俊宏、陳翠蓮、陳儀深、葉虹靈、葉　浩、楊　翠、薛化元、藍士博、羅士哲、蕭伶伃
（順序依筆劃排列）
美術編輯　蘇品銓
出版　2014 共生音樂節工作小組
代理發行　前衛出版社
10468 台北市中山區農安街 153 號 4F 之 3
Tel: 02-25865708 Fax: 02-25863758
郵撥帳號 05625551
e-mail: a4791@ms15.hinet.net
http://www.avanguard.com.tw

出版日期　2014 年 2 月初版一刷
定價　新台幣 150 元

封面圖片由財團法人陳澄波文化基金會授權使用
陳澄波〈慶祝日〉
年代：1946　材質：油彩畫布　尺寸：60.5×72.5cm